ヒギンズさんが撮った
近畿日本鉄道

下巻 名古屋線、旧・三重交通の路線編

コダクロームで撮った1950〜70年代の沿線風景

写真：J.Wally Higgins　　所蔵：NPO法人名古屋レール・アーカイブス

解説：安藤 功

◎10100系　富洲原〜近畿日本富田　1962（昭和37）年12月23日

昭和30〜40年代の近畿日本鉄道

名古屋線系は伊勢電気鉄道が建設したため大阪線と直通運転ができなかった上に、明治期に関西鉄道が架設した木曽川、揖斐・長良川橋梁を利用したり、四日市市内のカーブなど輸送上の隘路となる区間があったため、大阪線と直通するべく改軌工事の準備中に伊勢湾台風が襲来する。甚大な被害を受けたが、架け替え工事の終っていた木曽三川の橋梁が無事だった事もあり、佐伯社長の指導のもと復旧工事と共に改軌工事を前倒しに行った。また三重交通の鉄道路線は近鉄が運営することになり、電車を直通するための改軌工事や、近代化工事が行われていった。

◎223　馬道〜西別所　1978 (昭和53) 年5月20日

近鉄名古屋駅周辺

建設省国土地理院「1/25000地形図」
名古屋北部・名古屋南部・清洲・蟹江：昭和43年改測

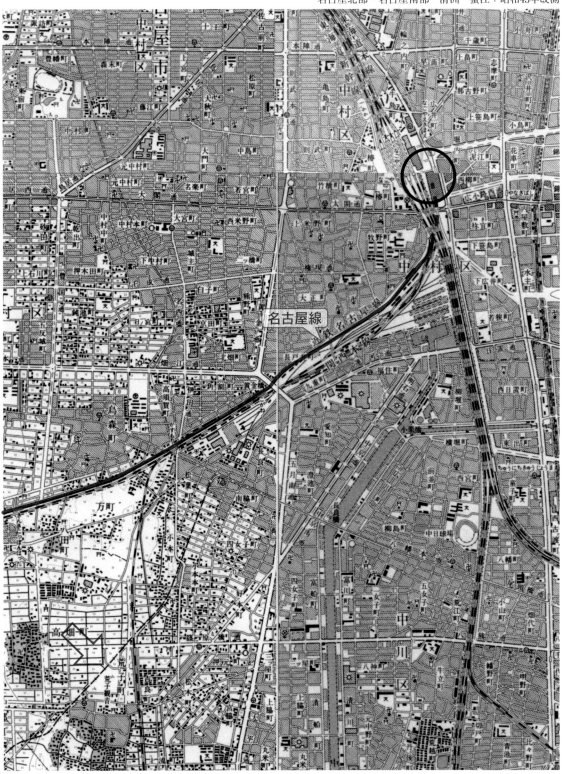

名古屋市内への乗入れは伊勢電気鉄道と参宮急行電鉄が共同出資した関西急行電鉄によって1938（昭和13）年に開業した。駅は1937（昭和12）年に現在地へ移転した国鉄名古屋駅の旧駅敷地の地下に設けられ、米野駅からのトンネル工事も国鉄駅移転工事にあわせて行われ、烏森駅からの用地も同時に確保されている。地図左下に伸びる休止線表示は、1969（昭和44）年に廃止された名古屋市電下之一色線。

大垣周辺

建設省国土地理院「1/50000地形図」
大垣：昭和50年修正

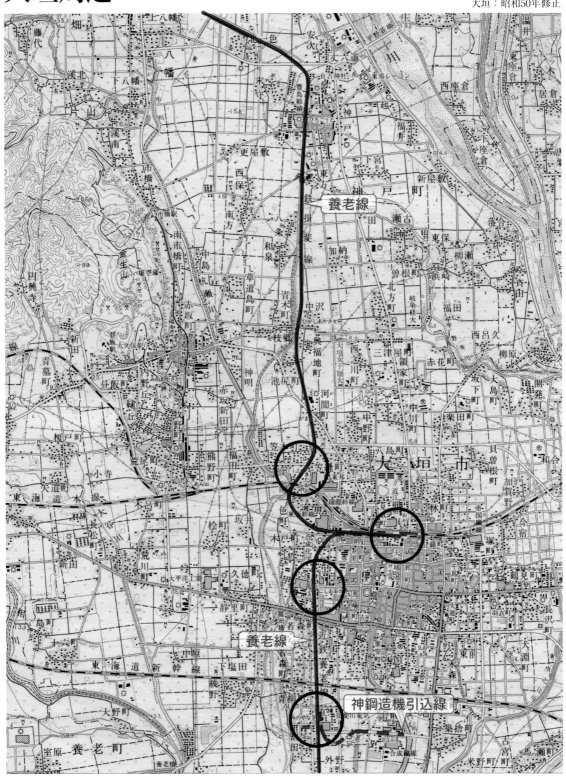

養老鉄道は大垣駅から養老駅と池野駅間が開業するが、国鉄線貨車連絡の関係から大垣駅でスイッチバックする線形がとられている。社長が同じ立川勇次郎氏の揖斐川電気への貨物扱いのほか、西大垣駅から日本合成化学、美濃青柳駅から神鋼造機への引込線もあり、桑名駅への国鉄線直通を含めて大垣駅での貨物扱いは多かった。揖斐へ向かう線は杭瀬川の堤防近くで国鉄東海道線と交差するので、あとから建設された養老鉄道がアンダーパスになっている。

木曽三川周辺

建設省国土地理院「1/25000地形図」
弥富：昭和29年資料修正

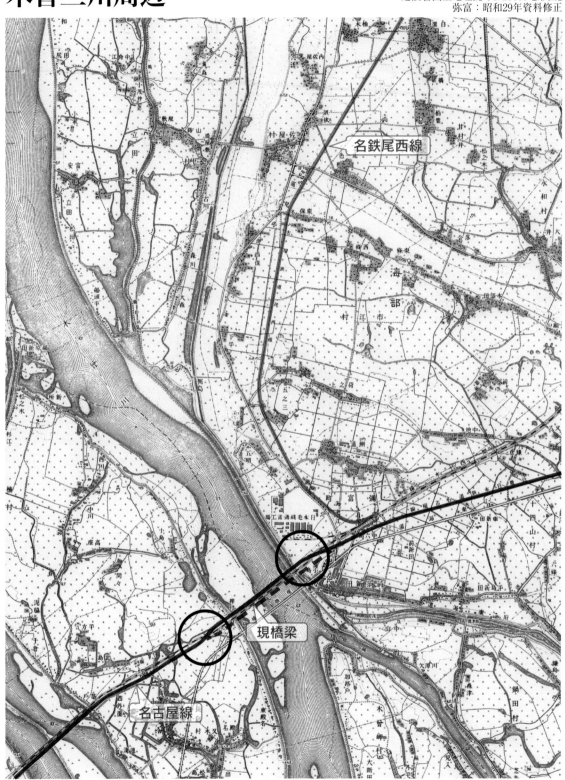

関西急行電鉄は名古屋開業に向けて、1928（昭和3）年に架け替えられ不要になった旧・国鉄関西本線の木曽川、揖斐・長良川橋梁の払下げを受けて使用した。そのため木曽川橋梁は国鉄線の上流側に位置したため、木曽川の両岸で国鉄線をオーバークロスしている。揖斐・長良川橋梁は現在線よりも下流側に架けられていた。北に延びる名鉄尾西線は本来「鉄道」の扱いなのだが、戦前に架線電圧600Vで電化したため「特殊鉄道」の扱いにされている。

桑名周辺

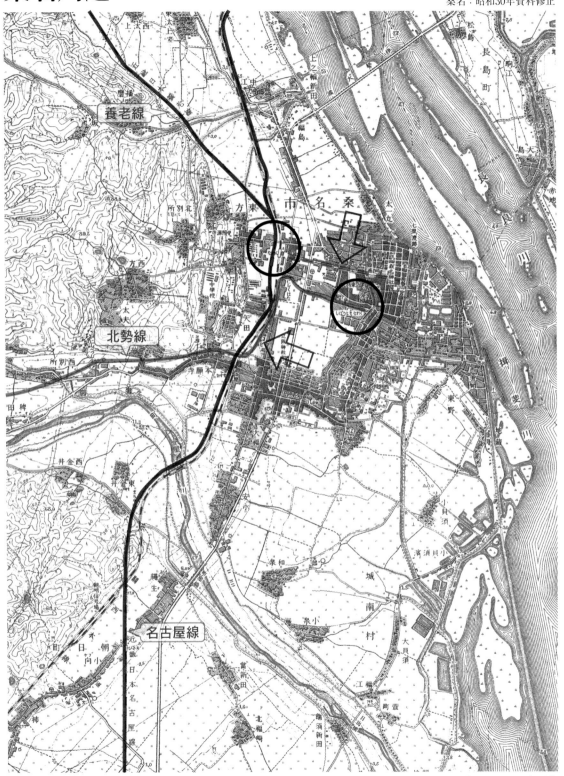

初代・関西鉄道（現・関西本線）の桑名駅は桑名の街の西側に設けられたため、駅前に通じる八間道が開かれ桑名電軌が開業した。1944（昭和19）年に廃止されているが、地図では消されていない。北勢鉄道（現・北勢線）も西桑名駅で国鉄線に連絡した後、中心部に近い桑名京橋駅まで延びていた。矢田駅の記載がある所は、北勢線で運ばれた砂利を国鉄貨車への積替え線が分岐する信号場だが、停車場の扱いで記載されている。

四日市周辺

建設省国土地理院「1/25000地形図」
四日市東部・四日市西部：昭和30年資料修正

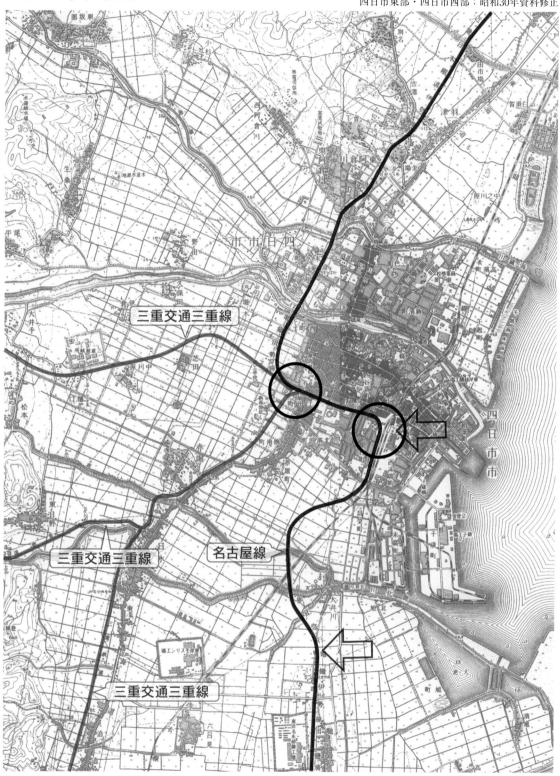

白子駅から北進してきた伊勢鉄道は国鉄四日市駅に連絡するため西側に駅を設けたが、伊勢電気鉄道に社名を改め桑名に向けた延伸の際に、直交していた三重鉄道・四日市鉄道（後の三重線）の線路を譲り受けて建設したため、善光寺と天理教の二つの急カーブが出現した。当時の国鉄駅舎は駅の北東側、港に近い方に位置していた。戦後発行の地図であるが、行政区画の修正に留まったため、参宮急行電鉄伊勢線の表記が残っている。

四日市周辺（都市計画後）

建設省国土地理院「1/25000地形図」
四日市東部・四日市西部：昭和39年資料修正

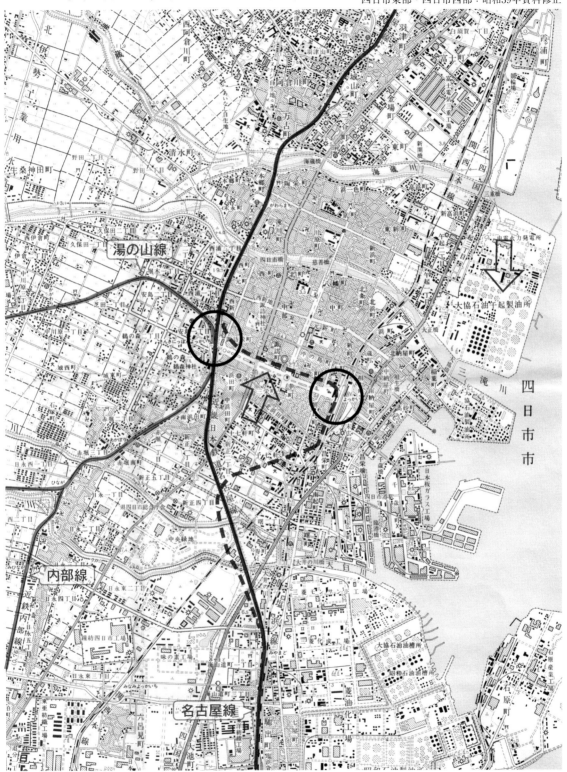

戦後の復興計画で川原町駅〜海山道駅間の名古屋線の経路が変更され、新線上に近鉄四日市駅が設けられ名古屋線・湯の山線・内部八王子線が乗り入れている。国鉄四日市駅との間は中央通りが開設され、国鉄駅舎も西側の現在地へ移されている。海岸線は埋立てが進み石油コンビナート群が建設されている。

四日市市西部周辺

建設省国土地理院「1/25000地形図」
四日市西部：昭和30年資料修正

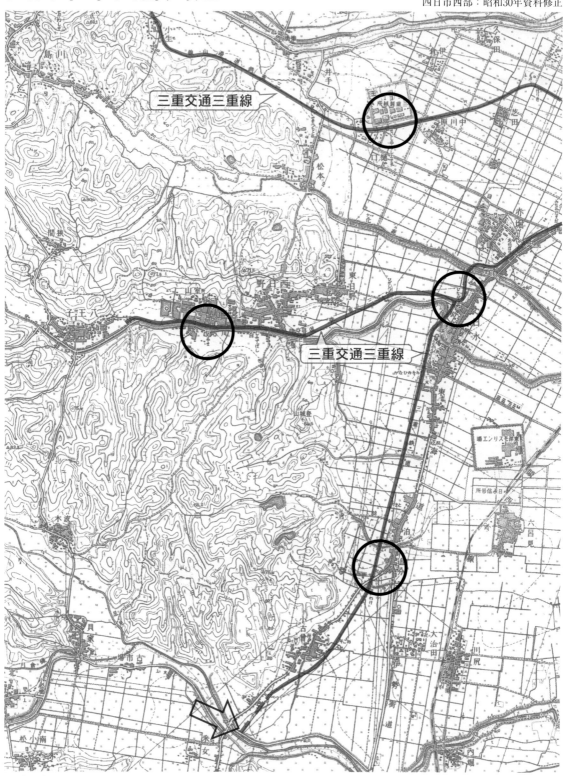

三重軌道が最初に開業した室山駅周辺は、醸造や紡績の工場が立ち並び、その輸送手段として鉄道が敷かれた。日永駅付近は東海道間宿の日永の街に近づけるため、カーブした位置に設けられている。その南にある追分は東海道と伊勢街道の分岐点。三重鉄道は日永駅から南へ鈴鹿駅まで建設を計画したが、内部川手前で建設は断念され、未成線部分が画かれている。湯の山線側にも三重製絨所（現・東洋紡）ができ製絨所前駅が見える。

津周辺

建設省国土地理院「1/25000地形図」
津東部：昭和34年資料測量

白子駅から一身田（後の高田本山）駅から南下した伊勢鉄道は、国鉄津駅に隣接して初代津市駅までを開業。その後より中心地に近い所へ津市（後の津新地）駅を移転、さらに伊勢方面へ延伸の際に市街地の東へ避けたため津市内に急曲線が存在した。高田本山駅は旧線上で江戸橋駅から北西に伸びる道が旧線跡。中勢鉄道は岩田橋南詰から久居方面に向かっていた。阿漕駅の南で国鉄線を跨ぐが、1943（昭和18）年の廃線後も築堤が画かれている。

伊勢中川周辺

建設省国土地理院「1/50000地形図」
津西部：昭和50年修正
二本木：昭和52年修正

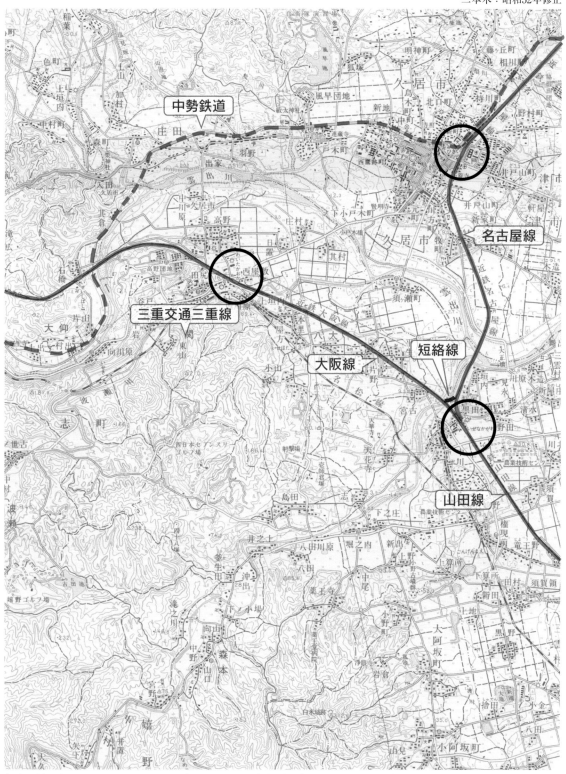

名古屋線の久居駅～伊勢中川駅の建設免許は、大阪電気軌道が傘下に収めていた中勢鉄道が取得し、参宮急行電鉄が譲渡を受け建設している。戦後名古屋線を改軌して大阪線と直通運転が計画された時は、大阪線川合高岡駅から名古屋線久居駅までの間で短絡線を建設するための免許も受けたが、用地買収や雲出川の架橋で費用が嵩むため、伊勢中川駅北側の短絡線が建設されることになる。

青山峠周辺

建設省国土地理院「1/50000地形図」
上野：昭和45年編集
津西部：昭和50年修正　二本木：昭和52年修正

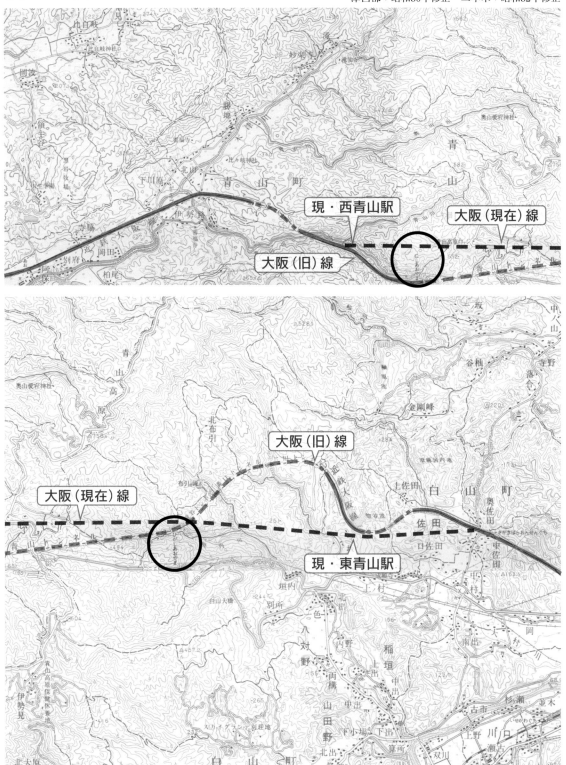

青山峠は伊賀上津駅から青山川沿いに登り、西青山駅から全長3432mの青山トンネルを抜け東青山駅へ。両駅の間の比高は90mほどあるので、トンネル内は33‰の急こう配になっている。その先も滝谷・溝口・二川トンネルで北側に迂回し、惣谷池を回りこんだのち惣谷・梶ヶ広トンネルを抜け200m下って榊原温泉口駅へ至る。この区間は単線で急こう配・急曲線が続くために、全長5,652mの新青山トンネルが建設され、複線化と曲線緩和がなされた。

上野市周辺

建設省国土地理院「1/50000地形図」
上野：昭和45年編集

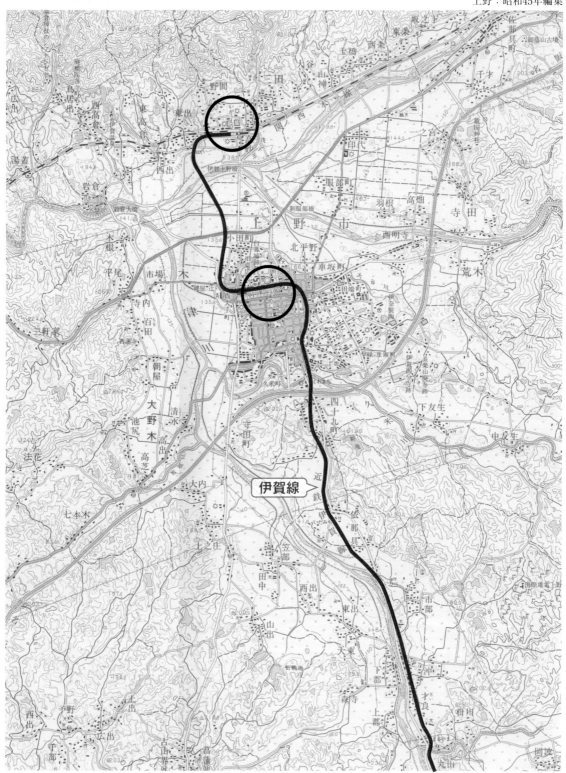

伊賀線

関西鉄道（現・関西本線）の上野（現・伊賀上野）駅は、上野の街から服部川の対岸に位置していたため、1916（大正5）年に伊賀軌道が上野駅連絡所から上野町（現・上野市）駅間を開業した。当時上野城外堀の埋め立てと、武家屋敷跡の再開発で、公官庁街と商店街の境になる所に駅が設けられている。その後伊賀鉄道に改め、名張（後の西名張）駅まで延伸するが、街の中を急曲線で抜けるルートとなった。

名張周辺

建設省国土地理院「1/50000地形図」
名張・上野：昭和45年編集

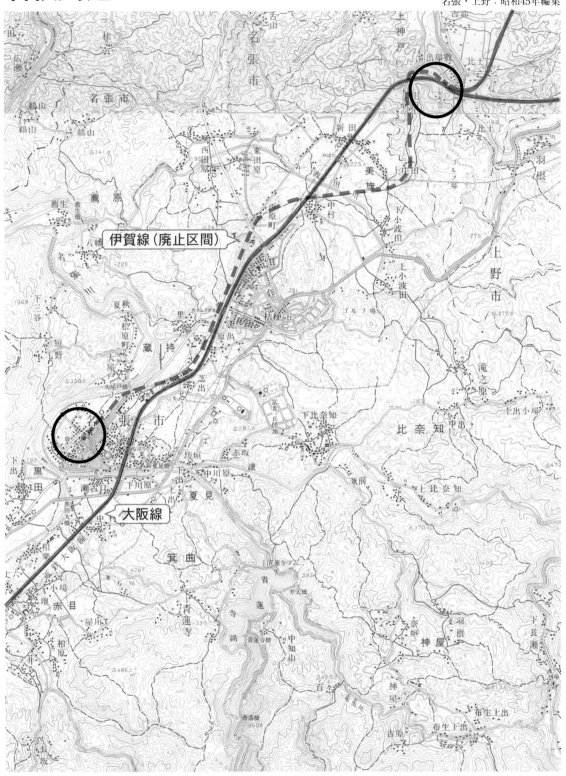

伊賀鉄道は1922（大正11）年に名張の街の北側にある名張（後の西名張）駅までが全通する。その後参宮急行電鉄の建設が決まると、伊賀鉄道を改めた伊賀電気鉄道は一部が並行するため大阪電気軌道に合併、参急に貸し出され参急伊賀線となる。参急本線が開業すると接続のため伊賀神戸駅が開業し近接の庄田駅は廃止された。並行区間は西名張駅に車庫と貨物扱いがあったので残されたが、貨物がトラックに移管し車庫は上野市に移設してこの区間は1964（昭和39）年に廃止される。

松阪周辺

建設省国土地理院「1/25000地形図」
松阪：昭和34年資料測量

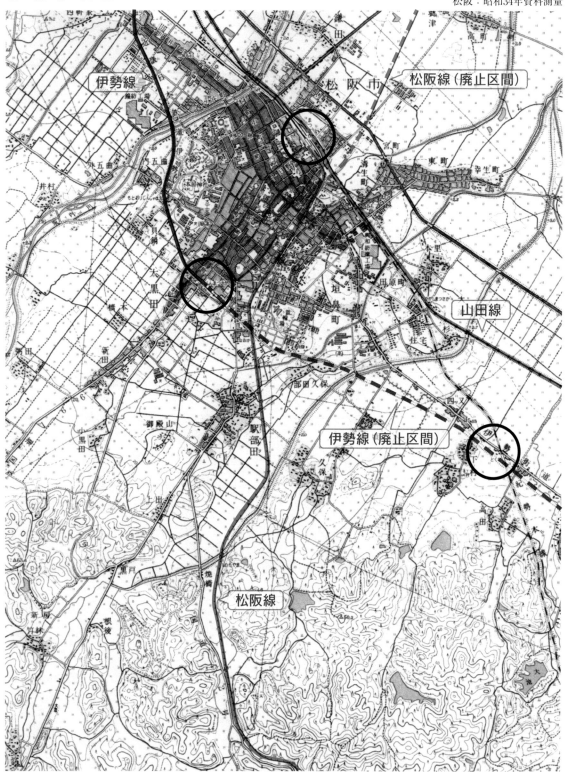

参宮鉄道（現・紀勢本線）の松阪駅は街の東側に設けられたが、伊勢電気鉄道は街を迂回し南側に新松阪駅を設け、国鉄線とは交差する徳和駅で連絡している。参宮急行電鉄は国鉄線の東側に乗入れ共同使用駅としている。松阪以東は3線が並行する状態のため、戦時中の不要不急路線に指定された新松阪駅以東の伊勢線は廃止される。松阪軽便鉄道（三重交通松阪線）は、松阪駅から熊野街道に沿って南へ向かう。北に延びる線は港がある大口駅に向かうが、1948（昭和23）年に休止されている。

伊勢周辺

建設省国土地理院「1/25000地形図」
伊勢：昭和34年資料測量

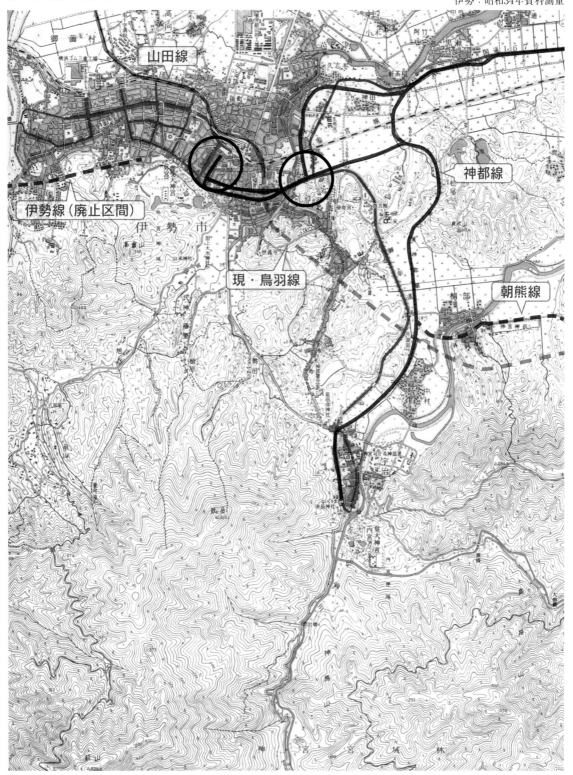

三重交通神都線は1903（明治36）年に宮川電気により本町駅〜二見駅間が開業し、日本で七番目の電車による運転を行った。その後路線を拡大し、山田（現・伊勢市）駅〜外宮前駅〜内宮前駅〜二見駅〜山田駅と、朝熊登山鉄道が開業し、二見〜外宮〜内宮〜朝熊山と、お伊勢参りのルートが完成した。本町駅〜古市口駅間は道幅が狭かったため、外宮前駅へは別ルートの単線を設けたが、右側通行の複線のようにして運転された。

近鉄ご案内（昭和35年1月）

近鉄ご案内

近畿日本鉄道

近畿日本鉄道の電車・バス網は、ひろく大阪・奈良・三重・愛知・岐阜の1府4県にわたっています。

このひろい沿線には、日本文化が生れ育った大和をはじめ、古い歴史を物語る社寺や古跡が多く、また、真珠と海女の伊勢志摩・山伏と原始境の吉野熊野の二国立公園、金剛生駒国定公園など、美しい風光に恵まれています。

史跡・古美術の探賞、動・植・鉱物の採集やレクリェーションに、楽しい旅は近鉄沿線とおきめ下さい。

本　　　社　大阪市天王寺区上本町6丁目　㉗3331
上本町営業局　大阪市天王寺区上本町6丁目　㉗3331
天王寺営業局　大阪市阿倍野区阿倍野筋1丁目　㉗0331
名古屋営業局　名古屋市中村区笹島町1丁目　㊹3331
東京事務所　東京都千代田区丸の内丸ビル361号　㉟3937

○旅行のご相談 お申込みは 近畿日本ツーリスト案内所へ

大阪	名古屋
〃 上 本 町 駅 ㉗0313～4	中 央 ㊹7998
〃 上 本 町 ㉗8551～6	〃 名古屋駅前 ㊹1071
〃 あべの橋駅 ㉗7055～6	松 坂 屋 ㊹1396
〃 千 日 前 ㉘6344	丸 栄 ㊹5309
〃 近鉄日本橋駅 ㉘6371～2	伊 勢 宇治山田駅 伊勢4101
〃 淀 屋 橋 ㉘8861	四日市 近鉄四日市駅 四日市7035
〃 大 阪 駅 ㉔2431～2	津 津新町駅 津 3573
神戸 松井ビル ㉕5116	京都 四 条 ㉛3106
奈良 近鉄駅前 奈良6310	東京 八 重 洲 ㉜4131

主 な 列 車 の 運 転 時 刻 （35.1.20 改正）

★特急　大阪上本町―名古屋

上本町発	7.00	8.00	9.00	11.00	13.00	15.00	17.00	18.00	20.00
名古屋着	9.27	10.27	11.27	13.27	15.27	17.27	19.27	20.27	22.28
名古屋発	7.25	8.25	9.25	11.25	13.25	15.25	17.25	18.25	20.00
鶴橋着	9.53	10.53	11.53	13.53	15.53	17.53	19.53	20.53	22.31
上本町着	9.55	10.55	11.55	13.55	15.55	17.55	19.55	20.55	22.33

★特急　大阪上本町―宇治山田・名古屋接続

	宇治山田行	この間	宇治山田行	名古屋行
上本町発	8.10		16.10	19.10
鶴橋発	12	9.10	12	
八木発	40	12.10	40	40
中川発	9.50	14.10	17.50	発
松阪発	57		57	21.02
伊勢市着	10.12		18.12	21.18
宇治山田着	10.15		18.15	21.20

	中川行	上本町行		上本町行
宇治山田発	8.22	10.22	この間	18.22
松阪発	40	40	13.22	40
中川のりかえ50		50	15.22	50
八木着	9.59	11.59	17.22	19.59
鶴橋着	10.30	12.26		20.26
上本町着	10.32	12.28		20.28

★特急　名古屋―宇治山田・大阪上本町接続

	上本町行 宇治山田行 7.35	この間	宇治山田行 17.35
名古屋発	7.35 9.35	12.35	56
四日市発	56 56	13.35	56
四日市発	8.10 10.10	14.35	18.10
津発	33 33	16.35	33
中川発	44 45		45
松阪発	58 53		53
伊勢市着	9.14 11.10		19.10
宇治山田着	9.16 11.12		19.11

	名古屋行 9.25	この間	名古屋行 17.25	中川行 20.25
宇治山田発	9.25		17.25	20.25
松阪発	44	10.25	44	44
中川発	52	13.25	52	発
津発	10.05	15.25	18.05	21.05
四日市発	28		28	28
名古屋着	41		41	41
名古屋着	11.00		19.00	22.00

特急料金…上段太数字

運賃…下段数字
5日前から特急券発売
近畿日本ツーリスト
日本交通公社
左表の伊勢駅
特急コンパートメントの座席は貸切の予約をお受けします

50 / 90	八木					
200 / 280	170 / 190	中川				
200 / 300	170 / 210	50 / 20	松阪			
200 / 340	200 / 250	50 / 70	50 / 50	宇治山田		
200 / 310	170 / 220	50 / 50	50 / 50	50 / 100	津	
200 / 360	200 / 270	100 / 110	100 / 130	100 / 180	50 / 80	四日市
200 / 360	200 / 290	100 / 140	100 / 160	100 / 210	50 / 110	50 / 40	桑名
250 / 420	200 / 330	170 / 200	170 / 220	200 / 260	100 / 170	50 / 90	50 / 60	名古屋

★急行　大阪上本町―宇治山田・名古屋接続

上 本 町 発　6.20―（1時間ごと）―20.20と21.00（松阪止）
宇治山田発　6.30―（1時間ごと）―19.30と20.35
名 古 屋 発　6.40―（1時間ごと）―19.40

停車駅 鶴橋・八木・名張・伊賀神戸・中川・松阪・伊勢市・久居・津新町・津・江戸橋・白子・若松・塩浜・四日市・富田・桑名

★急行　名古屋―宇治山田

名 古 屋 発　6.00―（1時間ごと）―19.00
宇治山田発　7.00―（1時間ごと）―20.00と20.35

★奈良線特急

上本町発 7.15（15分ごと）9.00（30分ごと）17.00（15分ごと）20.00（30分ごと）21.00
奈 良 発 6.40（15分ごと）9.25（30分ごと）17.25（15分ごと）19.25（30分ごと）20.25

○大阪上本町―奈良 30分運転・特急券不要 ★急行15分ごと運転・区間列車増発

大阪・高野精版・印刷

第1章

名古屋線沿線

名古屋線

現在近鉄名古屋線になっている区間は、地域的な輸送を担う軽便鉄道として、伊勢鉄道（初代）が1915（大正4）年に白子駅〜一身田（後の旧・高田本山）駅を開業したのに始まり、1922（大正11）年までに新四日市（後の四日市）駅〜津市（初代）駅間が開業した。国鉄に貨車を直通させる関係から同じ1067mm軌間で、単線の蒸気鉄道であったが、1926（大正15）年に伊勢電気鉄道に会社名を改め電化、名古屋・伊勢進出を目指す。

1929（昭和4）年に揖斐川電気から免許を譲り受けた泗桑線（四日市駅〜桑名駅間）を開業、1930（昭和5）年に大神宮前駅までを開業し、桑名〜伊勢間が結

◎6508　富洲原〜近畿日本富田　1957（昭和32）年4月18日

ばれた。しかし急速な路線拡大後に昭和恐慌に襲われ経営は破綻し、大軌・参急の元で再建を図ることになり、伊勢電は参急に合併。名古屋延長は関連会社の関西急行電鉄によって1938（昭和13）年に関急名古屋（現・近鉄名古屋）駅〜桑名駅間と、参急津支線と接続する津駅〜江戸橋駅が開業し、現在の名古屋線が全通した。

戦後近畿日本鉄道の手で、四日市駅・高田本山駅

付近の急曲線や、木曽三川の国鉄払下げ橋梁の架け替え等の改良工事と、大阪線と軌間をあわせる改軌工事を1960（昭和35）年春までに実施予定だったが、前年9月に伊勢湾台風が襲来。復旧工事とあわせ改軌工事も行い、1959（昭和34）年11月27日に工事が完了した。

烏森
かすもり

烏森駅西側の佐屋街道踏切。手前側の線路は国鉄関西本線と東海道本線貨物支線（西名古屋港線）。写真の右側に烏森駅舎があるが、当時の踏切は踏切警手が手動で扱っていた事と、人の流れの有効性から、街道と交差する位置に駅を設ける事が多かった。
電車はモニ6251形、出自は参宮急行電鉄のデニ2000形で、1930（昭和5）年に青山峠東側の平坦線用に川崎車輌で8両新

製、伊勢電を合併後に津支線を改軌して伊勢本線と接続する際に、同線用に改軌改造されモニ6251形になったもの。以降名古屋線のローカル運用に就き、名古屋線改軌時も新製台車をもらい改軌、その後の更新改造で荷物室を客室にして、変則3扉ロングシート車として活躍した。
◎6256　烏森　1957（昭和32）年4月18日

富洲原〜近畿日本富田
とみすはら

近畿日本富田駅北側で、国鉄関西本線と三岐鉄道線を跨ぐための築堤区間。現在は近鉄名古屋線に沿って三岐鉄道三岐線の近鉄富田駅へ向かう線路が伸び、築堤脇の住宅の奥から左に曲がり国鉄富田駅からくる本線につながる線路が出来ている。
電車は元・吉野鉄道サハ301形を出自とするク6501形と、関西急行電鉄1型を出自とするモ6301形による名古屋行き急行。
◎6502　富洲原〜近畿日本富田　1957（昭和32）年12月23日

近畿日本四日市

近畿日本四日市（現・近鉄四日市）駅付近は、伊勢鉄道が開業した時の四日市駅（国鉄四日市駅隣接（現在の駅舎の位置））から急カーブで諏訪駅に至り、また急カーブで桑名方向に向かっていて、車両の大型化やスピードアップが出来ないでいたが、四日市市の復興計画で、諏訪駅を移転し新しい近鉄四日市駅として、国鉄四日市駅との間を幅70mの中央通りで結び、公官庁や商業施設を集める事が決まり、1956（昭和31）年に川原町駅〜海山道駅間の経路が変更され、新経路上に近畿日本四日市（現・近鉄四日市）駅ができた。これに伴い湯の山線や内部・八王子線の経路も変更された。写真は内部・八王子線ホーム南端から名古屋線の特急を撮っている。現在は湯の山線ホーム下の中央通りの北側、奥に見えるヤマハピアノ（第一楽器）のビルが駅南側ロータリーの東になる。
電車は1961（昭和36）年に準特急用に作られた10400系エースカー。
◎10400系　近畿日本四日市
1962（昭和37）年12月23日

近畿日本四日市駅時刻表

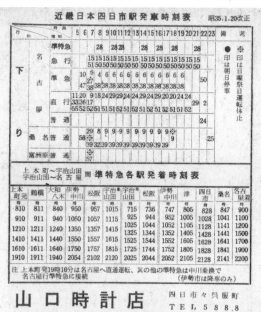

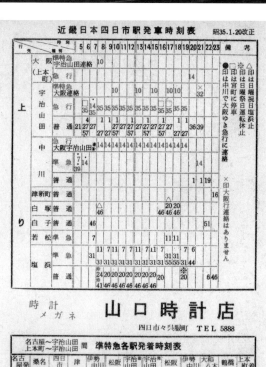

近鉄名古屋駅時刻表

近鉄名古屋駅　発車時刻表																				35.1.20改
行先 ＼ 時刻／種別	5	6	7	8	9	10	11	12	13	14	15	16	17	18	19	20	21	22	23	備考
大阪　特急			25	25	25		25		25		25		25	25		0				※印は日曜祝日運休 ※印は不定期列車
大阪　準特急			35																	
大阪　急行															40					
宇治山田　準特急					35			35		35		35	35							
宇治山田　急行		(普)0 40	0	0	0	0	0	0	0	0	0	0	0	0						
宇治山田　直行		(普)10 42	11 42	11 42	11 42	11 42	11 42	11 42	11 42	11 42	11 42	11 42	11 42	11 42	46	50				
中川　急行			40	40	40	40	40	40	40	40	40	40	40	40						
中川　準急	0 35															35	40			
中川　直行															15	15				
塩浜　準急	(若松)27 52	27 52	27 52	※27 ※52	※27 ※52	※27 ※52	※27 ※52	※27 ※52	27 ※52	27 ※52	27 52	※7 27 52	※7 27 52	25	5					
塩浜　直行																20			0	
津新町　直行																	30			
白子　直行																	5			
桑名　直行																		30		
桑名　普通																		37		
弥富　普通	30 55	15 45	2 18 44	2 18 44	2 18 44	2 16 44	2 18 43	2 16 43	2 18 43	2 16 43	2 18 43	2 16 43 54	18 44 54	18 43	2 18 41	6 22 58	22 52	20	5 35	
蟹江　普通	※30 ※54	※13 29 54	※29	※29	※29	※28	※34	※34	※29	※34	※29	※34	※2 13 28	※2 13 30		40	(八田)32			

27

近鉄四日市

高架工事中の近鉄四日市駅（1970（昭和45）年に近畿日本鉄道四日市駅から改称）の南側、撮影した1973（昭和48）年の3月に名古屋方向の線路が高架線に切替わっており、中川方向も10月に高架線に切替えられる。電車の右側手前のビルが近鉄四日市駅駅舎ビルで、高架工事後取壊され、1979（昭和54）年に奥に見える四日市近鉄ビルが増築されている。
電車の1810系は1966（昭和41）年に登場した名古屋線用電車で、モ1810-サ1960-ク1910の編成を組み、1電動車で2両の付随車と組む経済的な編成となっている。
◎1814　近鉄四日市　1973（昭和48）年5月3日

伊勢線

近畿日本鉄道伊勢線は、関西急行鉄道発足時の路線整理で、参宮急行電鉄名古屋伊勢本線のうち、江戸橋駅〜大神宮前駅間を分離したもの。

1917（大正6）年の伊勢鉄道（初代）が開業した津市（初代・後の部田）駅〜江戸橋駅〜一身田町（後の旧・高田本山）駅に始まり、1924（大正13）年に津市（後の津新地）駅をより中心部に近い安濃川南詰まで延伸・移転。伊勢電気鉄道に改称後の1926（昭和元）年に電化の後、1930（昭和5）年に津新地駅〜新松阪駅〜大神宮前駅を全線複線で開業し、ライバルの参宮急行

名古屋線改軌前の江戸橋駅は1番線が伊勢線新松阪方面（直通）・名古屋線中川方面、2番線が名古屋線名古屋方面、3番線が伊勢線・名古屋線中川方面折返しホームであった。電車の先に見えるホームは、伊勢電が参急に合併された後の戦時中に用意された統合駅で、名古屋線用にホーム2面、伊勢線用にホーム1面の規模が用意され、改軌前の1959（昭和34）年6月に移転している。伊勢鉄道時代の江戸橋駅は1番線の石積み部分だけの単線のホームで、建設中ホームの先

電鉄と競った。

しかし過大な投資で経営が行き詰まり、1936（昭和11）年に伊勢電気鉄道は参宮急行電鉄に合併される。1942（昭和17）年に山田線と並行区間の新松阪駅〜大神宮前駅間が不要不急路線として廃止。残る区間も名古屋線改軌時に合わせて改軌されることなく封じ込め路線となり、1961（昭和36）年に廃止されている。

廃止後は近畿日本鉄道直営で代替バスが運行されたが、三重交通バス路線網の中に紛れ込む形となり、協議の結果三重県内のバス路線は三重交通、鉄道路線は近鉄が運行することに決まり、三重交通の鉄道線が近鉄に移管されている。

で大きく左に曲がり旧・高田本山駅に向かっていた。2・3番ホームは、参急合併後の津支線乗入時に用意されたもの。1955（昭和30）年に江戸橋駅〜白塚駅間が別線で複線化され、先のカーブは解消されている。
◎6224　江戸橋　1959（昭和34）年4月4日

江戸橋

電車は1950（昭和25）年の名古屋線の本格的特急運転用に製造された6401系、モ6401形3両とク6551形2両の少数派だが、モ6301形を踏襲した半鋼製17m級車体に転換クロスシートを装備する。1958（昭和33）年に冷房・空気ばね付き特急車の6331系が増備されると予備車となり、特急カラーのまま急行運用に就いたが、1961（昭和36）年に一般車に格下げされている。

2両目は伊勢電が泗桑線開業に備え1928（昭和3）年に日本車輌で3両新製したハ451形か、翌1929（昭和4）年に増備したハ461形。ハ451形は客車として作られたが、泗桑線開業後は制御車に改造されクハ451形に。ハ461形は制御車だったため直ぐにクハ461形に改められている。どちらも同じ17m級2扉半鋼製車体で幕板部にアーチ状の飾り欄間を持つが、出自の違いからブレーキ方式が異なり形式が分けられている。関西急行鉄道になりクハ6451形・クハ6461形と改番、その後の改造でブレーキも同一になり差は無くなっている。

1番線の電車は伊勢線新松阪行き、モ6331形6335。1948（昭和23）年近畿車両製で、名古屋線車両の中で固定クロスシートを備える。

◎6402　江戸橋　1959（昭和34）年4月4日

津

近鉄名古屋線の伊勢中川駅〜江戸橋駅間は参宮急行電鉄が建設した区間。並行して走っていた中勢鉄道（岩田橋駅〜久居駅〜伊勢中川駅）を傘下に収め、久居〜中川間の免許を取得させる。さらに参急が、大和鉄道が取得していた免許線上の戸木村から西桑名町までの免許を所得。起点を久居に改めたうえ、中勢鉄道が取得した免許を譲受け、1930（昭和5）年に参急中川（現・伊勢中川）駅〜久居駅間が津支線として開業。1931（昭和6）年に津新町駅まで、1932（昭和7）年に津駅までが開業。江戸橋駅まで延伸されるのは伊勢電を合併後の1938（昭和13）年。その後名古屋伊勢本線の車両を参急中川駅に乗入れるため、1435mm軌間を1067mmに改軌する工事が行われる。
津駅には国鉄参宮線（現・紀勢本線）に沿って線路が敷かれ、駅は国鉄と共同使用駅となっている。撮影日の1959（昭和34）年11月26日は、名古屋線改軌工事の最中で、津駅を含む久居駅〜江戸橋駅間は20日に改軌済。停車しているモ6301形には、改軌で履き替えた新しいKD台車が見える。翌27日に名古屋線の改軌工事は終了している。
◎津　1959（昭和34）年11月26日

伊勢中川

名古屋線改軌工事前の伊勢中川駅。1938（昭和13）年に津支線が改軌され名古屋線と大阪線との乗換駅となると乗換の便を図るため、2面4線ホームのうち、内側の2線を名古屋線、外側の2線を大阪・山田線として、対面ホームで乗換えられるように改めた。名古屋線改軌後は3番ホームを拡幅、さらに東側にホーム1面を増設して、電車の両側にホームが着く様にして、さらに乗換の便が図られた。

電車のク6501形は元・吉野鉄道のサハ301形で、関西急行電鉄開業時に車両が不足するために、大軌からの貸出車として名古屋線にやってきた、10両は片側の運転台を撤去して便所と洗面所を設置し急行用となり、このグループは関西急行鉄道発足時にク6501形になっている。
◎6508　伊勢中川　1959（昭和34）年1月4日

名古屋線改軌工事パンフレット

伊勢湾台風襲来前の当初計画時代のもの

近 鉄
名阪間に直通
特急 が走るまで

3. 改良工事の仕組み

この工事の骨組みとなるのは、名古屋全線（神戸線を含む）82.7km（単線に換算して延べ178.8km）のレールの幅を、狭軌（1,067m）から広軌（1,435m）にひろげる作業で、これに木曽川・揖斐川両鉄橋の複線かけかえ、桑名・弥富間、美旗・伊賀神戸間（大阪線）の複線化、川合高岡・久居間の短絡線新設（まわり道をしている路線を短く結ぶために新設路線を敷く工事）、名古屋線車両132両の台車とりかえ（広軌用に）、名阪直通車12編成36両の新造、座席予約装置の新設、名古屋駅の大改造、車庫の改造などの肉付けをする、いわば輸送施設の各部門にわたる大工事で、総工費は実に60億円の巨額

に達します。このほか、マイクロ・ウエーブ装置を増設して神経系統の入れかえもし、通勤区間車20両を新造して、大阪・名古屋両都市近郊の通勤輸送力を増強するなど根本的に体質改善を行います。

このうちすでに木曽川・揖斐川両鉄橋かけかえ、桑名・弥富間複線化の完成をはじめ、名古屋線全線にわたるまくら木のとりかえ（7尺まくら木を8尺まくら木に）、橋けたの改造など準備作業は順調に進んでいますが、問題のレールの幅をひろげる工事は35年1月中旬から約1ヵ月の工期で一挙に行ない、若干の整理作業を除いて、3月には全工事が完成し、待望の大阪・名古屋間の直通運転を開始いたします。

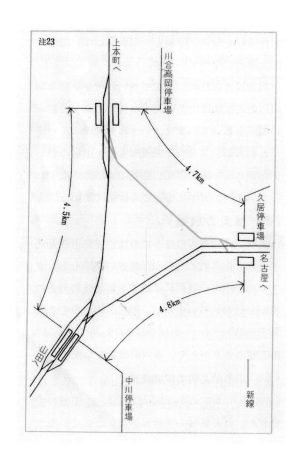

5.関連工事

以上は広軌化の中心となる工事のあらましですが、改良工事に一段のみがきをかけ、十分の輸送活動ができるように、次のような諸工事を行ないます。

（1）川合高岡・久居間の短絡線新設

名古屋線の広軌化が完成しますと、名阪間の直通旅行は中川駅でののりかえが不要になるため、大阪線の川合高岡駅から名古屋線の久居駅までを4.7kmの新線で結び、川合高岡・中川間4.5kmと、中川・久居間4.8kmを走る時間及び中川駅での折返し時間の無駄をはぶき、スピード・アップをはかる工事を行ないます。

（2）美旗・伊賀神戸間の複線化

名古屋線の広軌化が完成しますと、列車回数が増えることや、行き違い列車のダイヤの関係から、大阪線美旗・伊賀神戸間の単線区間2.4kmを複線化します。

（3）名古屋線の大改造

現在の名古屋駅は地下三線二ホームの規模で、乗客数の増加と列車の増発によって、更にせまくなりますので、約10億円の工費でホームの新設、増線などの大改造をします。

木曽川鉄橋（34年3月上旬）
手前右から現在の近鉄線、国鉄関西線
建設中の近鉄新鉄橋、尾張大橋
遠くにみえるのは揖斐川・長良川鉄橋

新ビスタ・カー パンフレット

1959（昭和34）年の営業開始前に作られたもの。試運転の写真が使われているので、正面に特急マークがついていない。

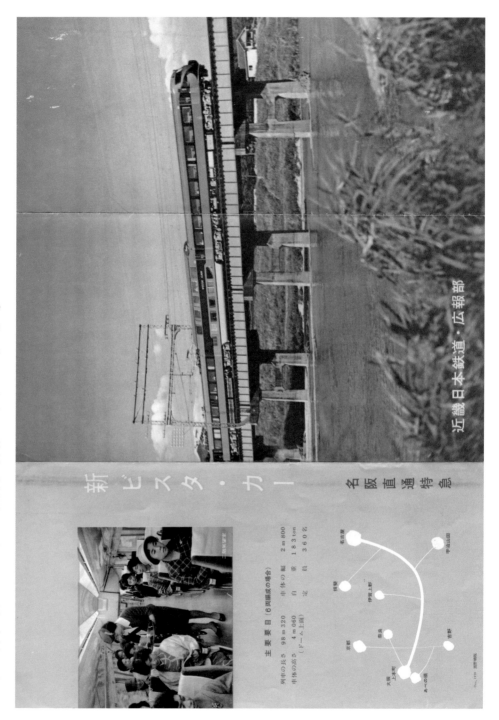

新ビスタ・カー

名阪直通特急

近畿日本鉄道・広報部

主要要目（6両編成の場合）

列車の長さ	98m320	中体の幅 2m800
車体の高さ	4m060	高さ 183cm
	（ドーム上面）	定員 360名

展望は上々です

中央展望車の二階部は、両側ともゆったりした二人がけで、車窓の風景を中心に楽しむことができます。

また階下部は、16人乗りのコンパートメントとし、折たたみ式のテーブルを設けてありますので、卓上ゲームを楽しむこともできます。

展望車は1編成（3両）の中央に配置してあります。

そのほか、ウォーター・クーラー、公衆電話室、洗面所、便所（男子用、女子用）などもこの階下に集めてあります。

ビデオ大画面をもうけております

さらに、公衆電話室を設けています

通話距離は、全特急停車駅までの

内、布施・上六・津島・松阪の

各駅、及び名古屋伊勢管内相互間の

で結ぶ自動即時通話となっています。

主な特長

3両ワンセットです

列車の編成は、3車体を4つの台車にのせた連接車をもって1編成とし、また2組つないで6両2列車として運用します。

展望車は1編成、またこの中央に配置してあります。

定員は両端車各64名、中央車上36名、階下16名となっています。

時速145キロのじゅん足です

各車体は高性能の電動機を備えていますので、平坦線の均衡速度は145km/hで、33/1000の上りこう配でも100km/hの快速で走ることができます。

完全な防火構造です

車体は全金属製の完全な防火構造で、シートやカーテンなど6感えないように処理してあり、内張はメラミンプラスチックを使っています。

旅のムードは満点です

車内の装飾は、建築意匠の立場からも検討し、とくに各車両ごとに室内の色彩を変えたところなど、旅のムードは満点です。

また感覚は、テーブル、握出し入れ、灰皿などをとりつけた座り心地のよい回転いすや、各シートに設けたイヤホーンで、ラジオを楽しんでいただけます。

車内の空気はさわやかです

車内を快い温度と湿度に保つよう空気調和装置を設備していますので、四季を通じて車内の空気はいつもさわやかです。

また各車を通じて車内の窓外を効果的に眺めるため、窓は広い二段ガラスで密閉式となっています。

近鉄では、大阪・名古屋両都市を結ぶ名古屋線（約83キロ）軌間拡幅の大工事をすすめていましたが、11月末に全線の広軌化を完了してしまったので、かねて建造中の直通特急用新ビスタ・カー36両12編成をもって、いよいよ12月中旬から待望の名阪直通運転を開始する運びとなりました。

この新ビスタ・カーは、昨年7月、世界最初の二階建ビスタ付高速電車として好評をいただいたビスタ・カーに、さらにあらゆる面から改良を加え、とくに名阪直通特急用として設計した最新式の高性能車です。

さながら動くサロンといった感じの車内設備した快適な乗り心地はほうとうございます。

だけあることと存じます。

次に新ビスタ・カーのあらましをご紹介申し上げましょう。

二階への階段

近畿日本鉄道の
連合軍旅客向け
パンフレット

1947（昭和22）年６月の旧・南海鉄道の分離前に作成されたもの。
関西急行鉄道と南海鉄道の路線のほか、関連や系列会社の奈良電気
鉄道・信貴生駒電鉄・大和鉄道・三重交通・高野山電気鉄道・和歌
山電気軌道の路線も加えられている。
1946（昭和21）年11月から1952（昭和27）年３月まで上本町駅〜奈良
駅間と、1947（昭和22）年12月から1949（昭和24）年４月まで上本町
駅〜恩智駅間に、連合軍駐留地や接収施設の軍将兵の利用に供する
ため、連合軍専用列車が１日３往復、戦後の荒廃の中を完全整備さ
れた電車で運転されていた。

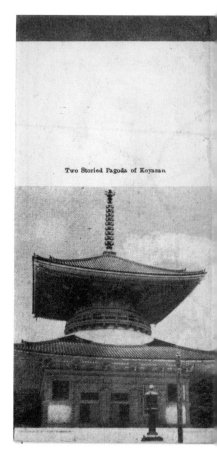

Two Storied Pagoda of Koyasan

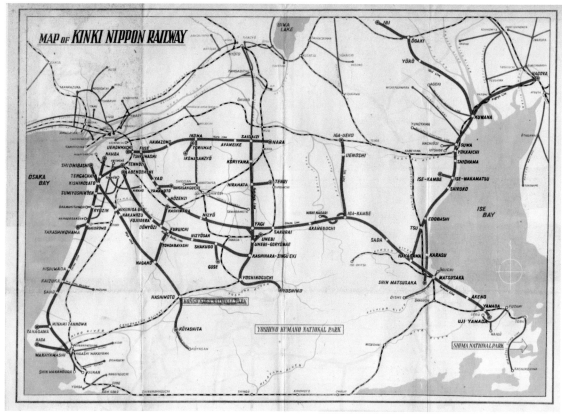

KINKI NIPPON

PEARL FISHING
—SHIMA—

TEMPLE
KONGŌBUJI
—KŌYASAN—

DEER
—NARA PARK—

FISHING
—IBI RIVER—

CHERRY-BLOSSOMS
—MT. YOSHINO—

RAILWAY

Image of Kwannon at Horyuji Temple

名古屋線時刻表（昭和24年8月改正）

名古屋—伊勢中川・宇治山田間 （下り）

粁程	運賃	駅名	準急			急	準急		此ノ間	急	準急	準急						
0粁0	0円0	名古屋発		5.00	5.07	5.20	5.40	5.53	18.53	19.20	19.40	20.20	20.50	21.30	22.00	22.30	23.00	23.20
9.3	15	蟹江〃		5.10	5.23	↓		6.03	19.03	↓	↓	↓	21.00	21.39	22.10	22.40	23.10	23.37
16.4	20	彌富〃		5.17	5.31		5.56	6.11	19.11	↓	19.56	20.36	21.08	21.46	22.17	22.47	23.17	23.45
23.8	30	桑名〃	5.00	5.30		5.47	6.09	6.25	19.25	19.47	20.09	20.49	21.21	21.59	22.30	23.00	23.30	23.57
24.8	35	益生〃	5.02	5.32		↓	6.12		19.27		20.11	20.51	21.23	22.02	22.33	23.03	23.32	
30.5	40	富洲原〃	5.09	5.40			6.18	6.35	19.35	↓	20.18	20.58	21.31	22.09	22.40	23.10	23.40	
31.7	40	富田〃	5.12	5.43		5.56	6.21	6.38	19.38	19.56	20.21	21.01	21.34	22.12	22.43	23.13	23.43	
36.4	50	諏訪〃	5.23	5.54		6.03	6.30	6.49	19.49	20.03	20.30	21.09	21.44	22.20	22.53	23.23	23.53	
37.2	50	四日市〃	4.58	5.26	5.57	6.07	6.33	6.53	19.53	20.07	20.33	21.12	21.48	22.24	22.56	23.26	23.56	
42.3	60	塩濱〃	5.04	5.33	6.04	6.13	6.39	7.02	20.02	20.13	20.39	△21.21	21.56	22.30	23.04	23.34		
52.0	70	伊勢若松〃	（白塚発）5.12	5.46	6.16	6.22	6.48	7.15	20.15	20.22	20.48	21.33	22.08	22.43	23.16	24.46		
57.7	●80	白子〃	5.00 5.17	5.52	6.30	6.27	6.53	7.30	20.30	20.27	20.53	21.40	22.15	22.49	23.23			
74.2	100	江戸橋〃	5.07 5.31	6.14	6.55	6.42	7.07	7.55	20.53	20.42	21.07	22.01	22.36	23.11	23.43			
75.4	100	津〃	5.09 5.33	6.17	6.57	6.45	7.09	7.57		20.45	21.09	22.04	22.39	23.14				
76.9	100	津新町〃	5.13 5.37	6.21	7.01	6.49	7.13	8.01		20.49	21.13	22.08	22.42	23.18				
81.7	110	久居〃	5.20 5.44	6.27	7.08	6.56	7.20	8.08		20.56	21.20	22.15	22.49	23.24				
86.0	110	伊勢中川着	5.26 5.49	6.34	7.15	7.01	7.26	8.15		21.01	21.26	22.21	22.56	23.31				
0	0	連 中川発	6.30 6.05	6.18	7.20	7.02	7.30	8.20		21.07	21.40	22.25	23.10					
8.5	10	松阪〃	5.41 6.16	6.49	7.31	7.13	7.41	8.31		21.16	21.51	22.36	23.21					
31.4	40	山田〃	6.10 6.45	7.18	8.00	7.42	8.10	9.00		21.35	22.20	23.05	23.37					
31.4	40	絡 宇治山田着	6.11 6.46	9.19	8.01	7.43	8.11	9.01		21.37	22.21	23.06	（明朝止）					

此ノ間 名古屋—中川間 普通一〇分毎 急行・準急一五分乃至三〇分毎 名古屋—彌富間一時間毎

宇治山田・伊勢中川—名古屋間 （上り）

粁程	運賃	駅名	準急	準急	準急			準急		急		準急				
0粁0	0円0	連 宇治山田発	（明星発）5.00	5.30		18.35	18.51		19.30		19.45	20.30	20.45	21.20	22.00	
0.6	5	山田〃	4.41 5.01	5.32		18.37	18.53		19.32		19.47	20.32	20.47	21.22	22.02	
22.9	30	松阪〃	4.57 5.31	5.52		19.06	19.22		19.52		20.16	20.52	21.16	21.51	22.31	
31.4	40	絡 中川着	5.08 5.41	6.00		19.16	19.32		20.00		20.26	21.00	21.26	22.01	22.41	
0	0	伊勢中川発	5.10 5.43	6.09		19.20	19.36	19.47	20.09		20.50	21.09	21.35	22.05	22.44	23.10
4.3	5	久居〃	5.17 5.49	6.15		19.29	19.42	19.54	20.16		20.58	21.16	21.42	22.12	22.51	23.16
9.1	15	津新町〃	5.23 5.55	6.22		19.36	19.48	20.01 20.22	20.33		21.05	21.22	21.48	22.18	22.57	23.25
10.6	15	津〃	5.27 5.58	6.26		19.39	19.52	20.04 20.26	20.37		21.09	21.26	21.52	22.22	23.01	23.29
11.8	15	江戸橋〃	5.31 6.01	6.29	5.02	19.42	19.55	20.07 20.29	20.41		21.12	21.29	21.55	22.25	23.04	23.32
28.3	40	白子〃	5.45 6.15	6.43	5.15	20.11	20.09	20.33 20.43	21.03		21.33	21.43	22.18	22.46	23.26	23.39
34.0	45	伊勢若松〃	5.51 6.20	6.49	5.22	20.18	20.15	20.41 20.49	21.10		21.40	21.49	22.24	22.53	23.32（白塚止）	
43.7	60	塩濱〃	6.00 6.28	6.58	5.05 5.35	20.34	20.23	20.57 21.23	21.52 21.57		22.05	22.46		23.06	△23.46	
48.8	60	四日市〃	4.50 6.06	6.35 7.05	5.12 5.43	20.46	20.30	21.04	21.31		22.05	22.46		23.13	23.53	
49.6	70	諏訪〃	4.53 6.09	6.38 7.08	5.15 5.46	20.49	20.33	21.07	21.34		22.07	22.49		23.16		
54.3	70	富田〃	5.03 6.16	6.46 7.16	5.26 5.56	20.59	20.41	21.14	21.44		22.15	22.59		23.27		
55.5	70	富洲原〃	5.06 6.21	6.51 7.20	5.29 5.59	21.04	20.44	↓	21.47		22.19	23.03		23.30		
61.2	80	益生〃	5.14 6.27	6.57 7.26	5.37 6.07	21.11	20.51	↓	21.55		22.25	23.10		23.36		
62.2	80	桑名〃	5.02 5.16 6.10	6.31 7.02 7.31	5.39	21.13	20.54	21.24	21.59		22.30	23.15		23.39		
69.6	90	彌富〃	5.14 5.29 5.53 6.24	6.46 7.15 7.46	5.37		21.08	↓	22.11		22.43	23.29 23.30				
76.6	100	蟹江〃	5.22 5.36 6.00 6.30	↓ ↓	5.44		↓	↓	22.18		↓	23.36 23.38				
86.0	110	名古屋着	5.39 5.46 6.01 6.10 6.41	7.02 7.31 8.02			21.24		21.51 22.29		22.59	23.46 23.54				

此ノ間 中川—名古屋間 普通一〇分毎 名古屋間急行・準急一五分乃至三〇分毎

大阪～名古屋間時刻表（昭和33年10月現在）

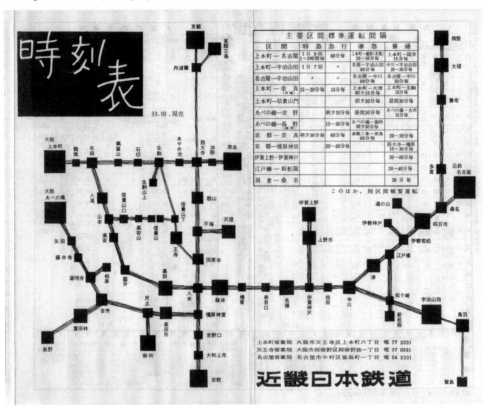

養老線

　養老鉄道は太平洋側の四日市港と日本海側の敦賀港を結ぶ計画で企画され、養老鉄道（初代）により1913（大正2）年に養老駅〜大垣駅〜池野駅間が開業する。1919（大正8）年に後に養老線となる部分の桑名駅〜揖斐駅間の全線が開業し、四日市までの路線免許も取得した。養老鉄道の社長は立川勇次郎氏で、東芝の前身の白熱舎や、京急の前身の大師電気鉄道に係った電力事業家。地元大垣でも揖斐川電気を興し、発電事業やその電力を使ったカーバイト事業を行っていたが、経営の合理化のため1922（大正11）年に養老鉄道を合併し揖斐川電気鉄道部とし、1923（大正12）年に全線電化を成し遂げた。

　しかし元々揖斐川電気は経営不振であり、電化工事費が負担になるなかで社長の立川氏が死去。会社の方針転換で桑名〜四日市間の路線免許を伊勢電気鉄道へ譲渡。揖斐川電気から鉄道部を養老電気鉄道に分離したのちに伊勢電と合併している。その後急速な事業拡大で伊勢電の経営は破綻、養老線は差押えされる事態となった。再建は大軌・参急が中心となって行われる事になり、整理のため養老線は養老電鉄が設立され譲渡された。債務整理が進むと養老電鉄は参宮急行電鉄に合併され、関西急行鉄道・近畿日本鉄道養老線として引継がれる。

　名古屋線の改軌の際は、養老線は大垣駅〜桑名駅間の通過を含んだ国鉄連絡貨物輸送が多かったため、改軌の対象から外れている。

出自は伊勢電気鉄道が桑名駅〜大神宮前間の開通にあわせ、同区間で高速運転を行うために1930（昭和5）年に日本車輌で製造したデハニ231形。関西急行鉄道になりモニ6231形に改番されていたが、大出力モーターを持っていたため、これを転用して新型車を作ることになり、1958（昭和33）年に4両がクニ5421形（2代）に改造され名古屋線から養老線へ移動した。
しかし1960（昭和35）年の南大阪線の有料特急「かもしか号」に転用されることになり、荷物室撤去・扉の移設を含め、優等列車仕様の電動車のモ5820形に改造されている。その後南大阪線に特急車の16000系が増備されると一般車に格下げされ、1970（昭和45）年に養老線へ転属してきている。
◎5823　多度　1973（昭和48）年5月1日

多度
たど

出自は桑名駅〜関急名古屋駅間を1938（昭和13）年に開業した関西急行電鉄1型。伊勢電デハニ231形同様の17m級半鋼製車体だが荷物室を持たない。ドア間に転換クロスシートを装備し特急に用いられた。参宮急行電鉄に引き継がれたのち、関西急行鉄道発足時にモハ6301形に改番されている。戦後の名古屋線特急運転再開で抜擢され整備されたが、後継車に譲りロングシート化される。その後車体整備や、改軌の際は新製台車をもらい名古屋線で引き続き活躍する。

1970（昭和45）年より養老線への転用が始まり6301は1972（昭和47）年に制御車化されク6301形6301として転属した。この際台車が日車D形に戻されている。
◎6301　多度　1973（昭和48）年5月1日

池野

電車に注意

出自は伊勢電気鉄道デハニ221形で、1929（昭和4）年に泗桑線開業にそなえ日本車輌で6両製造された。モハニ221形に改番ののち、関西急行鉄道発足時にモニ6221形へ改番。そのまま名古屋線で使用されたが、1959（昭和34）年の名古屋線改軌時に2両が養老線に転属、残りの車は改軌され使われたが、1970（昭和45）年までに全車が養老線へ転属している。

6225は本来名古屋向きにあった荷物室を方転して中川向きに変え片運転台化されているが、製造当時の面影を残している。
◎6225　池野　1973（昭和48）年5月1日

揖斐

いび

出自は大阪鉄道（現・南大阪線の前身）が、1923（大正12）年の電車運転開始時に川崎造船所で13両製造したデイ1形。
15m級木造車体だが、日本で初めての架線電圧1500V用電車。「イ」は一等車ではなく、イロハ順で電車の1番目の形
式の意味。関西急行鉄道発足時にモ5601形となり、木造車のまま残っていた10両は1955（昭和30）年から近畿車両で元
のドア配置のまま鋼体化されるが、5805と5806の2両は、800系と同じ少しへこませた正面2枚窓となっている。
◎5805　揖斐　1973（昭和48）年5月1日

養老線・伊勢線時刻表（昭和24年8月改正）

揖斐 — 大垣 — 桑名

揖斐—大垣—桑名間　（上り）

粁程	運賃	驛名																
0.0	0円	揖斐 発		5.07	5.38			20.41		21.13		21.45		22.17		22.49	
2.3	5	美濃本郷 〃		5.11	5.42			20.45		21.17		21.49		22.21		22.53	
4.0	5	池 野 〃		5.15	5.46			20.49		21.21		21.53		22.25		22.57	
7.2	10	廣神戸 〃		5.22	5.53			20.56		21.28		22.00		22.32		23.04	
10.0	15	東赤阪 〃		5.27	5.58			21.01		21.33		22.05		22.37		23.09	
14.5	20	大 垣 〃	5.15	5.34	5.46	6.05	6.18	20.38	21.08	21.10	21.40	21.42	22.12	22.14	22.45	22.55	23.16	23.20
16.3	20	西大垣 〃	5.19	5.50	6.22			20.42		21.14		21.46		22.18		23.02	23.23
25.8	35	美濃髙田 〃	5.37	6.08	6.39			20.59		21.31		22.02		22.34		23.18	
28.7	40	養 老 〃	5.44	6.16	6.47			21.05		21.36		22.07		22.39		23.22	
37.8	50	駒 野 〃	5.03 5.30	6.01	6.31	7.02		21.20		※21.51		22.22		22.53			
43.4	60	石 津 〃	5.12 5.36	6.11	6.41	7.12		21.30		※22.01		22.32					
49.0	60	多 度 〃	5.04 5.22 5.52	6.23	6.53	7.24		21.40		22.11		22.42					
57.6	80	桑 名 着	5.18 5.38 6.09	6.37	7.07	7.38		21.54		22.26		22.56					

此ノ間 揖斐-大垣 大垣-桑名間 四三〇分毎

新松阪—江戸橋間　（上り）

粁程	運賃	驛名																				
0.0	0円	新松阪 発	5.15	6.02	6.43	7.03	7.22	8.00	8.40		17.20	18.00	18.40	19.20	20.00	20.40	21.20	22.06	22.41
0.6	5	本居神社前 〃	5.17	6.04	6.45	7.05	7.24	8.02	8.42		17.22	18.02	18.42	19.22	20.02	20.42	21.22	22.08	22.43
2.8	5	松ヶ崎 〃	5.22	6.09	6.50	7.10	7.29	8.07	8.47		17.27	18.07	18.47	19.27	20.07	20.47	21.27	22.13	22.48
4.1	5	米ノ庄 〃	5.25	6.13	7.03	7.12	7.33	8.11	8.51		17.31	18.11	18.51	19.31	20.11	20.51	21.31	22.17	22.51
9.8	15	香 夏 洲 〃	5.35	6.23	7.13	7.33	7.43	8.21	8.45 9.01	17.25	17.41	18.22 18.45	19.01	19.41	20.21	21.01	21.41	22.27	23.02
14.3	20	結城神社前 〃	5.44	6.33	7.15	7.35	7.53	8.31	8.54 9.11	17.35	17.50	18.33 18.55	19.11	19.50	20.31	21.11	21.50	22.37	23.11
15.3	20	阿 漕 灘 〃	5.46	6.35	7.17	7.37	7.55	8.33	8.56 9.13	17.37	17.52	18.34 18.57	19.13	19.52	20.33	21.13	21.52	22.39	23.13
16.6	20	津 海 岸 〃	5.48	6.37	7.19	7.17	7.57	8.35	8.58 9.15	17.39	17.54	18.56 18.59	19.15	19.54	20.35	21.15	21.54	22.41	23.15
17.6	25	津 新 地 〃	5.52	6.41	7.21	7.41	8.05	8.39	9.02 9.19	17.43	17.58	18.40 19.04	19.19	19.58	20.39	21.19	21.58	22.45	23.18
20.3	25	江 戸 橋 着	5.57	6.47	7.27	7.47	8.10	8.45	9.08 9.25	17.49	18.04	18.46 19.11	19.25	20.04	20.45	21.25	22.04	22.51	23.25

此ノ間 新松阪-江戸橋間 四〇分毎

桑名 — 大垣 — 揖斐

桑名—大垣—揖斐間　（下り）

粁程	運賃	驛名														
0.0	0円	桑 名 発			5.24	5.54		20.36		21.07	21.39	22.11	22.41	23.15
8.6	10	多 度 〃			5.39	6.10		20.54		21.25	21.57	22.29	22.59	23.29
14.2	20	石 津 〃			5.50	6.20		21.07		※21.39	22.10	22.40	23.08	
19.8	25	駒 野 〃		5.27	6.00	6.31		21.20		※21.52	22.23	22.50	23.17	
28.9	40	養 老 〃	5.13	5.43	6.15	6.46		21.37		22.08	22.40			
31.8	40	美濃髙田 〃	5.17	5.48	6.19	6.51		21.41		22.13	22.44			
41.3	50	西 大 垣 〃	5.00	6.05	7.08			22.00		22.32	23.01			
43.1	60	大 垣 〃	5.03 5.08 5.37	5.39 6.08	6.12 6.39 6.46	7.11 7.21		21.46 22.03	22.18	22.35 22.50	23.04			
47.6	60	東 赤 阪 〃	5.16	5.47	6.20	6.51	7.29	21.54		22.26	22.58			
50.4	70	廣 神 戸 〃	5.21	5.52	6.26	7.00	7.35	21.59		22.31	23.03			
53.6	70	池 野 〃	5.27	5.58	6.31	7.05	7.40	22.04		22.36	23.08			
55.3	70	美濃本郷 〃	5.30	6.01	6.35	7.09	7.44	22.08		22.40	23.12			
57.6	80	揖 斐 着	5.34	6.05	6.39	7.13	7.48	22.12		22.44	23.16			

此ノ間 桑名-大垣 大垣-揖斐間 三四〇〇分分毎

江戸橋—新松阪間　（下り）

粁程	運賃	驛名																				
0.0	0円	江 戸 橋 発	5.13	5.42	6.00	9.18	6.56	7.35	7.57	8.17	8.56	9.37		17.37 17.58	18.17	18.56	19.37	20.17	20.56	21.43	22.39
2.7	5	津 新 地 〃	5.19	5.48	6.06	6.25	7.03	7.43	8.04	8.24	9.03	9.44		17.44 18.06	18.24	19.03	19.44	20.24	21.03	21.50	22.46
3.7	5	津 海 岸 〃	5.22	5.51	6.09	6.29	7.08	7.48	8.08	8.28	9.07	9.48		17.48 18.09	18.28	19.07	19.48	20.28	21.07	21.53	22.49
5.0	5	阿 漕 灘 〃	5.24	5.53	6.11	6.31	7.10	7.50	8.10	8.30	9.09	9.50		17.50 18.11	18.30	19.09	19.50	20.30	21.09	21.55	22.51
6.0	10	結城神社前 〃	5.26	5.55	6.13	6.33	7.12	7.52	8.12	8.32	9.11	9.52		17.52 18.13	18.32	19.11	19.52	20.32	21.11	21.57	22.53
10.5	15	香 夏 洲 〃	5.36	6.04	6.23	6.42	7.23	8.02 8.21	8.41	9.20	10.01		18.01 18.22	18.41	19.20	20.01	20.41	21.20	22.07	23.02
16.2	20	米ノ庄 〃	5.45	6.14	6.32	6.53	7.33	8.12		8.52	9.30	10.12		18.12	18.52	19.30	20.12	20.52	21.30	22.17	23.08
17.5	25	松ヶ崎 〃	5.48	6.16	6.35	6.55	7.36	8.15		8.58	9.33	10.15		18.15	18.55	19.33	20.15	20.55	21.33	22.20	23.15
19.7	25	本居神社前 〃	5.53	6.21	6.40	7.00	7.41	8.20		9.00	9.38	10.20		18.20	19.00	19.38	20.20	21.00	21.38	22.25	23.20
20.3	25	新 松 阪 着	5.55	6.23	6.42	7.02	7.43	8.22		9.02	9.40	10.22		18.22	19.02	19.40	20.22	21.02	21.40	22.27	23.22

此ノ間 江戸橋-新松阪間 四〇分毎

桑名 — 大垣 — 揖斐

伊賀線時刻表（昭和27年4月改正）

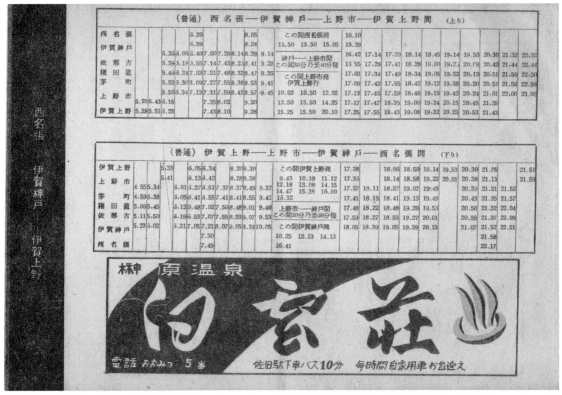

西名張駅～伊賀神戸駅間は大阪線と並行するため1日6往復と運転本数が少ないが、西名張駅に車庫があったため、出入庫を兼ねて電車が運転されていた。

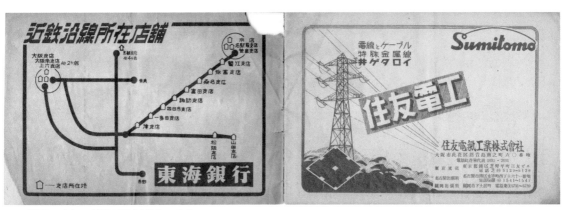

1952（昭和27）年4月改正時刻表内の広告

伊賀線

　1897(明治30)年に関西鉄道(現・関西本線)の上野(現・伊賀上野)駅が開業するが、上野の街は服部川の対岸で離れていたため、上野軌道が上野駅連絡所～上野町(現・上野市)駅を1916(大正5)年に開業した。

　1917(大正6)年に社名を伊賀鉄道に変え、1919(大正8)年に軌道から地方鉄道法による鉄道に変更し、翌年上野駅連絡所を国鉄(鉄道省)伊賀上野駅に統合。1922(大正11)年に上野町駅～名張(後の西名張)駅間を開業させ、1926(大正15)年に全線を電化し、会社名を伊賀電気鉄道に改めた。

　その後大軌の伊勢進出で参宮急行電鉄の建設が決まると、伊賀電気鉄道は大軌に買収され、参急に賃借され同社伊賀線となる。その後近鉄伊賀線となるが、伊賀神戸駅～西名張駅間は大阪線と並行するのと、同区間の貨物輸送もトラックに移って減少したため、1964(昭和39)年に廃止されている。

◎5003　伊賀神戸　1978(昭和53)年5月13日

伊賀神戸〜比土

伊賀神戸駅東側の木津川橋梁、写真左側に大阪線の橋梁がある。

電車はモ5151形5156、出自は吉野鉄道が1923（大正12）年の吉野口駅〜橿原神宮前駅間延伸と、全線電化に備えて川崎造船所で製造した16m級木造車のテハ1形。6両造られ、1943（昭和18）年にモ5151形に改番後、5153と5156の2両が戦時中の輸送力増強のため伊賀線に転属してきた。戦後木造車の鋼体化改造が進む中でも木造車のまま残り、1961（昭和36）年までに廃車になっている。

◎5156　伊賀神戸〜比土
1958（昭和33）年12月25日

伊賀線は国鉄線直通貨物があったため、参急から近鉄になったあとも西名張駅までの貨物列車が残っていた。機関車から後ろの2両は三岐鉄道の私有貨車、近鉄の有蓋車に国鉄ワムが2両、しんがりは木造の有蓋緩急車。

機関車は伊賀鉄道電化時の1926（大正15）年に川崎造船所で製造されたデ1形2、1943（昭和18）年の関西急行鉄道が大阪鉄道の合併した際に車番整理が行われ、デ1形9となっている。

◎デ9　伊賀神戸〜比土
1958（昭和33）年12月25日

美旗新田～
伊賀神戸

伊賀神戸駅の西方、左側へ進むと大阪線をアンダーパスする。
電車はモ5251形で、1930（昭和5）年に信貴山電鉄の山上線用電車として日本車輛で3両製造されたデ5形。1両を事故で失い、戦時中の不要不急路線に指定されると南大阪線に移動しモ5251形に形式を改め、戦後伊賀線にやってきている。
◎5251　美旗新田～伊賀神戸
1958（昭和33）年12月25日

上野市

伊賀上野駅方から上野市駅へ到着。駅は上野城外堀を埋立て市街地造成した際に、城内の公官庁のエリアと南側の商業地との境になる武家屋敷跡地に設けられた。

電車のモニ5180形、伊賀鉄道電化時の1926（大正15）年に川崎造船所で製造されたデハニ1形、15m級半鋼製車体に荷物室を有する。1941（昭和16）年に現形式に改められ、1977（昭和52）年に5000系が入線するまで、6両全車が伊賀線で活躍した。
◎5182　上野市　1958（昭和33）年12月25日

上野市

ホーム後ろに見える建物は、伊賀軌道から伊賀鉄道に改めた1917（大正6）年に上野町（現・上野市駅）駅舎として建てられた、三角屋根を十字方向に組み合わせた洋風建築。
電車は1977（昭和52）年の伊賀線車両更新用に、名古屋線の戦中製のモ6310形と、戦後製のモ6330形を改軌・改造して、

モ5000形7両とク5100形4両が登場した。5001～5006がモ6310形改造で両運転台、5007と5101～5104は、名古屋線時代に片運転台化されていたモ6330形から改造されている。
◎5104 5102　上野市　1978（昭和53）年5月13日

鳥羽線

鳥羽・奥志摩方面への観光客輸送は国鉄参宮線や、宇治山田駅にホーム直結のバス乗り場を設けて対応していたが、観光客増加に対応するため1967（昭和42）年に鳥羽駅まで鳥羽線として線路延長と、賢島駅

◎鳥羽　1973（昭和48）年4月30日

まで直通するため、志摩線の改軌・昇圧工事を発表、翌年から工事を開始した。

1969（昭和44）年に宇治山田駅～五十鈴川駅間が、1970（昭和45）年に鳥羽駅までの全線が開通し、志摩線への乗入れも開始された。当初は単線だったが、1975（昭和50）年に複線化されている。

朝熊
あさま

鳥羽線は工期・予算の関係で単線開業したが、用地及び一部の橋梁・トンネルは複線分で用意されており、1975（昭和50）年に複線化されている。朝熊駅ホームから鳥羽方を見ているが、電車後部の朝熊川橋梁付近を、1944（昭和19）年に休止されるまで神都交通朝熊線が通り、写真左側くらいに朝熊村駅があった。電車は2410系のク2510形2528で1971（昭和46）年製、同時期の2430系同様に車体幅が30mm広がり排障器を装備する。
◎2528　朝熊　1973（昭和48）年4月30日

池の浦

池の浦は鎌倉時代の「倭姫命世記」に「伊気浦」とみられる古い名前で、駅北側の湾一帯を指す。池の浦駅は線路が朝熊駅から堂坂峠を越えてくるため、集落の山側に位置する。
電車は新エースカー11400系モ11400形11422、基本はTc+Mc-Mcの3両編成だが、Tcは増結用なので写真のように2両＋4両等でも使われた。
◎11422　池の浦　1973（昭和48）年4月30日

鳥羽

近鉄鳥羽駅は、港湾施設や観光施設の整備と合わせ、国鉄鳥羽駅の留置線の一部とそれに隣接する佐田浜を埋め立てて設けられた。

電車は1940（昭和15）年の皇紀二千六百年祝典記念事業の輸送に向けて、大軌が1939（昭和14）年12月に日本車輌で製造したデボ1400形1401。形式は後にモ1400形に改められた。片運転台化の際に余ったヘッドライトを転用して2灯化されている。

◎1401　鳥羽
1973（昭和48）年4月30日

鳥羽

1970（昭和45）年の近鉄難波線開業で特急は大増発されたが、青山峠は単線区間であり運転本数に制限を受けるため、京都駅から伊勢方面の特急は、大和八木駅～鳥羽駅間を阪伊特急と併結運転を行った。そのため正面には「難波」「京都」と両方の行先が掲げてある。前より12200系が難波行き、後よりに橿原線限界拡大前なので18200系か18400系の京都行が連結される。
◎12238　鳥羽　1973（昭和48）年 4 月30日

近畿日本鉄道案内図（昭和35年）

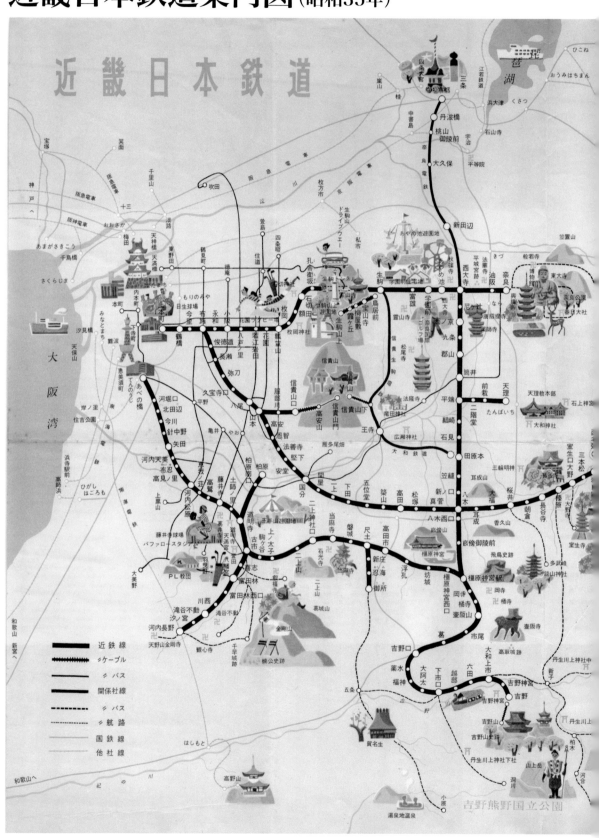

三重交通時刻表（昭和25年9月改正）

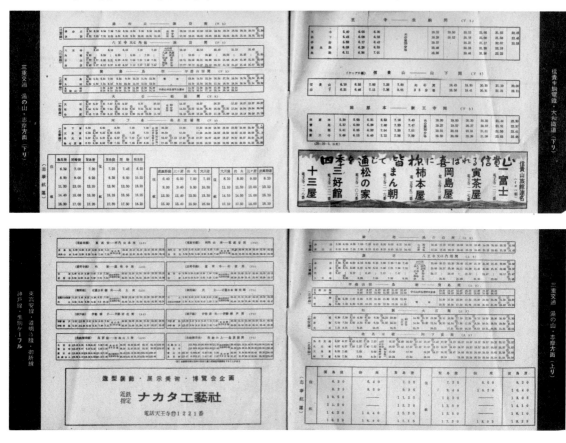

三重交通車内補充巻（昭和37年）

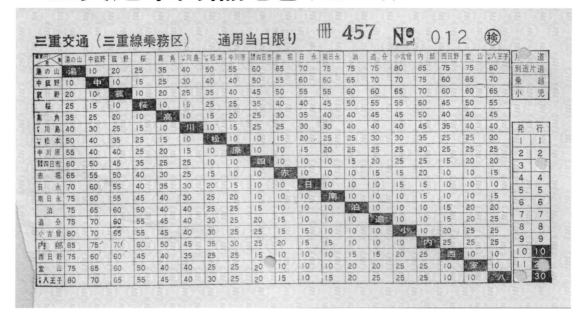

第2章
旧・三重交通の路線

三重交通北勢線・近鉄北勢線

　北勢線は北勢鉄道が員弁川左岸の街を結ぶ鉄道として、1914（大正3）年に大山田（後の西桑名）駅〜楚原駅が、1915（大正4）年に大山田駅〜桑名町（後の桑名京橋）駅間が、1916（大正5）年に楚原駅〜阿下

喜東（後の六石）駅が開通した。軽便鉄道法に基づく762mmゲージの蒸気鉄道だったが、1931（昭和6）年の阿下喜東駅〜阿下喜駅間の開通にあわせ全線を電化し、1934（昭和9）年に会社名も北勢電気鉄道に

◎223　馬道〜西別所　1978（昭和53）年5月20日

改めた。

　戦時中の陸運統制令による合併には反対していたが、1944（昭和19）年に新しく発足した三重交通に合併され、同社北勢線となる。西桑名駅〜桑名町駅間は戦災で休止されるが、1948（昭和23）年に公募により駅名を桑名町駅から桑名京橋駅に改め復旧する。しかしこの区間は国道1号線と交差しており、踏切問題から1961（昭和36）年に廃止されている。またこの

頃三重県内は近畿日本鉄道と三重交通の鉄道とバス路線が入り乱れていたが、鉄道線を近鉄・バス路線を三重交通に一元化することが決まり、三重交通の鉄道路線は1964（昭和39）年に三重電気鉄道へ移管され、翌1965（昭和40）年に近畿日本鉄道に合併され、同社北勢線となった。近鉄線になってから順次地上施設の改良工事が行われ、1977（昭和52）年の北勢線近代化で車両が更新された。

西桑名（旧駅）

1977（昭和52）年の北勢線近代化前は現在の西桑名駅の位置で東へ90度曲がり、現在のバスターミナル乗り場付近に西桑名駅と南側に隣接して車庫があった。1961（昭和36）年まではさらに東の桑名京橋駅まで線路が伸びていたが、途中の国道1号との踏切を解消するために廃止されている。
◎三重交通　226　西桑名　1957（昭和32）年4月18日

車庫は3棟で5線を有し、蒸気機関車時代の給水塔も残されている。貨車の右側が本線、貨車のある線が機回し線、車庫の1線はここから分岐し、残り4線は引上げ線から折り返して入庫する。
西桑名駅の開業当時は大山田村に駅があったので大山田駅だった。大山田村が町制施行で西桑名町になると、1931（昭和6）年に駅名も町名にあわせ、西桑名駅に改称された。
◎西桑名　1962（昭和37）年12月23日

西桑名（旧駅）

員弁川で採掘した砂利輸送のために、北勢鉄道が電化時の1931（昭和6）年に日本車輌で2両新製した20形。ナローゲージの機関車としては大柄で、1067mm軌間の小型電気機関車と出力は大差ない。連結器は台車枠に装備し、互いの台車も繋がれているため、車体は牽引力を負担しないため簡易な構造とされ、デッキも台車枠の上に設けられている。三重交通合併時にデ71形に改番されている。

運用は西桑名駅～馬道駅間にあった矢田信号場（国鉄線を乗り越す築堤上にあり、分岐した桟橋上の高架橋から国鉄貨車に砂利を落としていた）から採掘線のあった星川駅の間を、1日5往復程度していた。しかし1959（昭和34）年の伊勢湾台風で採掘線は大きな被害を受け、砂利輸送は終了した。

◎三重交通　71　西桑名　1962（昭和37）年12月23日

北勢線の電車は、電動車のモニ220形が付随客車を牽引するのが通常であったが、多客期の臨時列車などは機関車のデ71形が牽引することもあった。写真はブレーキ管が繋がれていないので、車庫内での入換えの模様。
2両目のサ451形451は、北勢鉄道が開業時の1914（大正3）年に梅鉢鉄工所で新造したハフ1形5両のなかのハフ5で、三重交通になってサニ421形425となるが桑名空襲で被災。1948（昭和23）年復旧に際して角張った平妻・シングルルーフの木造車体を新造した際に荷物室を撤去し現形式となった。
後ろはサ100形で1950（昭和25）年に木造客車の更新のため大平車輌製の104〜106が北勢線に配置された。
◎三重交通　71　西桑名　1957（昭和32）年4月18日

西桑名（旧駅）

北勢線の電動車は、北勢鉄道が電化時の1931（昭和 6 ）年に日本車輌で製造したデハニ50形を、三重交通合併時に改番したモニ221形が受け持った。
◎三重交通　221　西桑名　1962（昭和37）年12月23日

西桑名

西桑名駅は1977（昭和52）年にホーム先端付近から急カーブで旧駅に入っていたのを、手前にホームを設けて移転し、営業距離程が0.1km短くなった。それに伴い車庫は北大社駅（現・北大社信号場）に移転し、元の駅跡は三重交通のバスターミナルとして整備された。右側は国鉄桑名駅貨物扱い所。
◎西桑名　1978（昭和53）年5月20日

うまみち
馬道～西別所

三重交通のモニ221形は近畿日本鉄道への合併でモニ220形に改められたが車番は変わらずに221～227が北勢線に在籍し、塗装をマルーン一色に連結器はピンリンク式から柴田式3/4上作用自動連結器に交換されている。

1977（昭和52）年の北勢線近代化では225～227が内部・八王子線に転属し、221と223は制御車化されク220形に、222と224は向きを反転させ制御器・ブレーキを改造しモ220形になり2両固定編成化された。元の荷物室の扉は乗務員室扉に転用されている。

◎221　馬道～西別所　1978（昭和53）年5月20日

そはら
楚原

楚原駅の手前には、吉備川の浸食谷があるため33‰
の勾配を登り駅に入る。楚原駅は主要駅の一つで、
1914（大正3）年北勢鉄道開業時の終着駅。近代化前
は側線を持ち、夜間留置も行われていた。
電車のモ270形は6両造られ、ク170形のほかに在来
の付随車の一部に制御車改造を行い西桑名方に連結
し、2〜4両編成を組んだ。
◎276　楚原　1978（昭和53）年5月20日

<ruby>六石<rt>ろっこく</rt></ruby>

六石

六石駅の麻生田方の踏切、見えている製材所は盛業中であるが、駅は三岐鉄道北勢線になったあとの北勢線高速化事業での駅統廃合で、2004（平成16）年に廃止されている。1916（大正5）年の開業時は阿下喜東駅を名乗り、蒸気機関車での運転だったため、ターンテーブルも構内にあった。1931（昭和6）年の阿下喜駅まで延伸の際に、六石駅に改称している。
◎274　六石　1978（昭和53）年5月20日

六石〜阿下喜

六石駅から坂を下りカーブして阿下喜駅に入る手前。現在は左側の水田に道路が出来ている。
近代化で製造されたモ270形とク170形の編成、ク170形は2両しか作られなかったため、サ130形の2両がク130形へ、サ140形の3両がク140形に改造され連結された。北勢線では固定編成にはならず、必要に応じて編成の組替えを行っている。
◎272　六石〜阿下喜　1978（昭和53）年5月20日

上の写真の線路の反対側から。先頭のモニ221形227
は戦後の増備車だが、戦前のモハニ50形の図面で製
造された。中間のサ360形368（後の近鉄サ130形）は、
三重線にサ2000形（後の近鉄サ140）が増備されると
363 ～ 368が北勢線へ転属し、木造車を置換えてい
る。後ろのサ100形105は戦後製の半鋼製客車だが、
湯の山線の改軌でサ2000形が北勢線へ転属すると廃
車された。
◎三重交通　227　六石～阿下喜
1962（昭和37）年12月23日

六石～阿下喜
あげき

阿下喜駅を出た西桑名駅行きが、藤原岳をバックに走る。藤原岳で採掘される石灰石を原料に小野田セメント（現・太平洋セメント）藤原工場を企画した時に、製品輸送を北勢鉄道に担えないか検討したが輸送力が小さすぎたため、三岐鉄道（現・三岐線）が建設される事になった。
◎三重交通　224　六石～阿下喜　1962（昭和37）年12月23日

阿下喜

阿下喜駅は1931（昭和6）年の開業で、当時から電化されている。ホームは電車がいる線の1本だが、右側に機回し線と車庫線が2本、左側に留置線と貨物側線が2本あり、3編成が夜間留置していた。
◎三重交通　224　阿下喜
1962（昭和37）年12月23日

貨物ホームから機回し作業を撮っている。近代化前
は電車が付随車を牽引する形を取っていたため、終
点では電車の付替えが必須であった。近代化で機回
しは不要となり、地上係員も必要なくなり、合理化
が図られている。
◎三重交通　224　阿下喜
1957（昭和32）年4月18日

阿下喜

阿下喜駅に到着した編成のサ368とサ105を留置線へ押し込む作業中。電車のいる線を直進すると留置線、写真左にある
ポイントで分かれる手前の線路が貨物扱い線。
◎三重交通　368　阿下喜　1962（昭和37）年12月23日

阿下喜

北勢線の貨物列車は1959（昭和34）年の貝弁川砂利貨物廃止までは多数運転されていたが、その後は僅かに残るだけになり、1966（昭和41）年に休止されている。
◎三重交通　224　阿下喜　1962（昭和37）年12月23日

三重交通三重線・近鉄湯の山線

◎三重交通　240　近畿日本四日市　1957（昭和32）年4月18日

湯の山温泉への利便を図るため、四日市鉄道が1913（大正２）年に諏訪駅〜川島村（現・伊勢川島）駅〜湯ノ山（現・湯の山温泉）駅間を開業。1916（大正５）年に先に開業していた三重鉄道線と単線並列で四日市（後の四日市市）駅まで延伸する。

　当初は762mmゲージで小型のコッペル社の蒸気機関車を用いたが、1921（大正10）年には地元の北勢電気の菰野水力発電所からの電力で電化している。

　その後伊勢電気鉄道の延伸用地提供で諏訪駅まで短縮、三重交通時代の近鉄名古屋線の付替えで近畿日本四日市駅に移転、三重電気鉄道時代に名古屋線直通のために1435mmゲージに改軌されている。

近畿日本四日市

1956（昭和31）年に近鉄名古屋線の川原町駅～海山道駅間の経路が変更され、諏訪駅が移転・改称され、近畿日本四日市（現・近鉄四日市）駅として開業。それにあわせ三重交通の各線も、近鉄線の西側に移設・改称された。建物の奥にカーブする湯の山線の本線が見えるが、移転前は真っすぐ手前に向かっていた。留置線の機関車は四日市鉄道が1923（大正12）年に米国GE社から輸入した101形、ポール集電の箱形機関車だったが、内部線がシンプルカテナリーで電化されるとパンタグラフを載せ、ポールと併用だった時代がある。
◎近畿日本四日市　1959（昭和34）年4月4日

なかこもの

中菰野〜湯ノ山

湯の山温泉駅の東方、現在温泉リゾート施設アクアイグニスのある付近から近畿日本四日市駅に向かう列車を撮っている。

三重交通サ360形は1954（昭和29）年に三重線（湯の山・内部・八王子線の総称）近代化のため、ナニワ工機と帝国車両で8両新造。付随客車だが片側に乗員室を持つ。1960（昭和35）年にサ2000形が増備されると、6両が北勢線へ移動している。その後近鉄サ130形となるが近代化改造を受け、三岐鉄道・四日市あすなろう鉄道まで引き継がれた。

◎三重交通　366　中菰野〜湯ノ山
1957（昭和32）年4月18日

湯の山温泉

1964（昭和39）年に近畿日本鉄道に移管する前段階で、三重交通の鉄道線は三重電気鉄道に移されているが、この時期に湯の山線は名古屋線から直通できるように改軌工事が行われている。湯ノ山駅は1970（昭和45）年に湯の山温泉駅に改称されている。

電車はモ6440形6442、1958（昭和33）年近畿車両製で大阪線1460形の名古屋線、狭軌時代の最後の新車。モーターは元・
伊勢電デハニ231形（近鉄モニ6231形）から転用されている。
◎6442　湯の山温泉　1973（昭和48）年5月3日

両線の歴史は1912（大正元）年に三重軌道が日永駅～八王子村（後の伊勢八王子）駅間を開業したのに始まる。同年中に南浜田駅（現在廃止・赤堀１丁目に存在）まで、翌1913（大正２）年に諏訪前駅（後に廃止・旧東海道と１番商店街が交差する付近）まで、1915（大正４）年に四日市市駅（後に廃止・本町２に存在）まで延長される。1916（大正５）年に軽便鉄道法に基づく三重鉄道に変わり、1922（大正11）年に日永駅～小古曽駅～内部駅間が鈴鹿線として開業、さらに延伸の予定は実現しなかった。

1928（昭和３）年に伊勢電気鉄道の延伸の際に線路敷きを転用するため諏訪町駅～四日市市駅間を廃止、諏訪町駅は四日市鉄道の諏訪駅に統合され、1931（昭和６）年に四日市鉄道を吸収合併。1943（昭和18）年に海軍燃料廠の宿舎が沿線に建設されるため、その輸送用に諏訪駅～内部駅間を電化、1944（昭和19）年に戦時統合で三重交通となり、1948（昭和23）年に日永駅～伊勢八王子間が電化される。

1956（昭和31）年に近鉄名古屋線の改良工事で付替え新線と交差するため、新設される近畿日本四日市（現・近鉄四日市）駅へ乗入れる路線に変更、1964（昭和39）年に鉄道部門が分離され三重電気鉄道となり、翌年近鉄に合併され、同社内部線・八王子線となっている。

1974（昭和49）年の近鉄四日市駅高架化工事で現在の高架下の駅となる。八王子線の西日野駅～伊勢八王子駅間は水害を受け1976（昭和51）年に廃止になっている。

◎231　日永　1973（昭和48）年５月３日

諏訪

諏訪駅は1913（大正2）年に三重軌道の諏訪
町駅として開業し、当初はカーブの先にあ
る旧東海道の踏切付近にあった。同年四日
市鉄道の諏訪駅がこの地に開業、1928（昭
和3）年に伊勢電気鉄道の桑名延伸に備え、
諏訪町駅は諏訪駅に統合され、翌1929（昭
和4）年に伊勢電気鉄道の諏訪駅が開業す
る。
電車は内部・八王子方面のホームに停車中、
右側の線路も同線の線路。奥に湯の山方面
のホームと近鉄名古屋線のホームがあり、
駅舎は写真右側にあった。
◎三重交通　261　諏訪
1954（昭和29）年9月9日

<ruby>日<rt>ひ</rt>永<rt>なが</rt></ruby>

日永

日永駅は1912（大正元）年に三重軌道の
駅として開業。当時は奥の八王子線の
ホームしか無かったが、東海道にあっ
た日永の街に近づけるため、カーブし
たホームを持つ。1922（大正11）年に内
部方面の線路が出来て分岐駅となった。
電車の後ろは分岐てこ扱い所。
電車のモ230形231は、松阪鉄道のフ21
形22で、1927（昭和2）年日本車輌製。
三重交通サ441形442になったあと1952
（昭和27）年に三重線に転属、ドアを窓
1つ分内側へ寄せる改造と共に電動車
化されモ260形261となり、近鉄合併時
に現車番となった。
◎231　日永
1973（昭和48）年5月3日

泊

泊駅は1922（大正11）年に三重鉄道鈴鹿線の駅として開業、1956（昭和31）年に行違い設備を新設した所なのでバラストが新しい。この頃はまだ玉砂利が使われているようだ。電車は内部行き、前ページのモ231の三重交通時代。線路の先に見える木造建築は、日永小学校校舎。現在は線路両側とも住宅街になり望むことはできない。
◎三重交通　261　泊　1957（昭和32）年４月18日

泊～追分

三重交通が湯の山線用に1959（昭和34）年に日本車輌で製造した連接車。四日市方から4401(M1)-4401(T1)-4401(M2)の編成を組み、軽量車体に垂直カルダン駆動を組み合わせ、菰野以西の勾配対応で抑速ブレーキも装備した。当時連接車の車号は編成単位で与えられおり、全車が4401だったが、近鉄合併時にモ200形サ100形201-101-202の車番に改められている。
◎三重交通　4401　泊～追分
1961（昭和36）年4月9日

上の写真と同一場所。追分駅の北側で、奥の建設中
の建物は四日市市立南中学校の新校舎。現在畑は埋
め立てられ住宅街となっている。
◎三重交通　261　泊〜追分
1961（昭和36）年4月9日

内部

昭和50年代の近代化までの電車の運転は、付随車を牽引する形で行われたので、終着駅で電動車の機回しが必要であった。内部駅で機回しを終了して連結作業中。しかし湯の山線改軌後の近鉄四日市駅は行止り式ホーム1面2線になり機回し線は無かったので、到着した電車の日永方に、前の電車で来た電動車を転線して連結して出発、残された電動車は次の電車まで留置された。
◎211　内部　1973（昭和48）年5月3日

三重交通4400形パンフレット

御 あ い さ つ

三重交通株式会社
取締役社長 安 保 正 敏

　西に御在所山ろくの湯の山温泉、東に伊勢湾の港都四日市市をもつ北勢地方は、今や観光面と商工業面によって一大飛躍を遂げつつあります。

　この機に当り、弊社の建設いたしました御在所ロープウエイは自他ともに世界一を許すもので、観光客は驚異的な増加を示しております。これが為、弊社経営の湯の山線も、輸送力増強の必要にせまられ、電車の新造をいたしました。

　もともと、この線は軌間762ミリメートルの小型車両を運転しておりますが、このたび新造いたしました車両はMTM3両編成の連接電車でありまして、全金属軽量車体、防振台車、間接自動制御、電空併用電磁直通ブレーキ、垂直カルダン駆動モーター、その他各部に新設計を採用して従来の面ぼくを一新したものであります。

　さきに開通したロープウエイとともに一度御試乗の上皆様の忌たんなき御批判をいただければ誠に幸じんと存ずる次第であります。

　終りにのぞみ関係御当局を始め、設計製作に御協力をいただいた各位に厚く御礼申し上げて御あいさつといたします。

車 体 概 要

（日本車輌製造株式会社）

　本車両は観光用として新造されたもので、MTM3両永久編成の連接電車であります。

　連節部は相隣れる車体の妻構下部よりおのおの車体心皿をもち出してそれを台車心皿の上にのせて一つの中間台車を共有している構造となっております。

　貫通路は開放式で見通しをよくし、渡り板は片側円板回転式で体裁および通行の際の安全さに意を用いています。また幌はネオプレンゴムのヒダなしの一枚幌を採用して居ます。

　客室内の天井板、幕板、腰板および柱きせ等はすべてアルミデコラ板を使用してありますので、永久にはげることがなく再塗装の必要もありません。

　側窓は上部とも上昇式で窓の有効開きを大きくしてあります。窓わくは軽合金引抜材でアルマイト加工を施し、ガラスの取りかえはクサビゴムで容易にできるようにしてあります。

　腰掛は長手式で泉式バネ、ビニフォームのクッションで表張りは、ビニサラVS、No.7000を使用してあります。

　網棚はサランネットで、網棚棒、吊皮棒、出入口ハンドル、仕切棒はすべてステンレス、クラッド管を使用し網棚棒ブラケット、吊皮棒ブラケット等室内金物は殆ど軽合金製でアルマイト加工のものを用いております。

　室内の通風には意を用い、屋根上に大型ガーランド式通風器を各車5個宛取付け、運転室窓上部および貫通路窓上部にはおのおの正面通風器を取付けてあります。前者はブラインド式整風装置、後者はスライド式整風金具をそなえ、室内への通風量を加減できるようにしてあります。

日永

日永駅を伊勢八王子駅に向かう、日永駅の構内にある分岐てこ扱い所から、日永方面か八王子方面か分岐を切り替える
ロッドが見えている。残りの分岐はスプリングポイントで、右側の1番線は内部方面、中央の2・3番線が四日市方面、
奥の4番線が八王子方面のホームだった。
◎229　日永　1973（昭和48）年4月30日

日永

電車は四日市鉄道が1928（昭和3）年に田中車輌で4両製造したデ50形、三重鉄道合併時にデハニ50形、三重交通合併時にモニ211形、近畿日本合併時にモニ210形と形式は変わったが、荷物室をもつ半鋼製の車体は4両とも改造されず使われている。後ろはサ150形で、1950（昭和25）年から近畿車両と帝国車両で老朽化した木造客車置換えのために新造された半鋼製付随車、当初は北勢線所属車が150番台、三重線所属車が160番台と別れていたが、近鉄合併時に空番を詰める改番が行われ、151〜162の連番になった。
◎212　日永　1973（昭和48）年5月3日

日永駅の八王子線側には側線があり、朝夕の増結用付随車が留置されていた。サ130形132は元の三重交通サ360形362で、1954（昭和29）年ナニワ工機製。将来の制御車化を考慮して、乗務員室が付いている。後ろのサニ110形111は、1927（昭和2）年日本車輌製の松阪鉄道デ31形31で、三重交通のモニ201形201に改番後も松阪線で使用。同線の廃線でトレーラー化され内部・八王子線に転属してきた。

◎132　日永　1973（昭和48）年4月30日

西日野～室山

西日野駅から伊勢八王子駅の手前までは天白川に沿って線路が敷かれていた。室山駅手前に堰があり水を湛えている。
右側の建物は笹野酒造部の酒蔵。
◎三重交通　381　室山　1959（昭和34）年4月4日

室山

室山駅を出る伊勢八王子行き。室山地区は製糸業・醸造業・製茶業が盛んで、その製品の輸送や製造用燃料輸送のために三重軌道が建設された。
◎231　室山　1973（昭和48）年4月30日

室山～伊勢八王子

天白川沿いには桜並木が続いていた。湯の山線改軌前は
電気機関車による付随車の牽引も行われている。デ62は
松阪鉄道が1927（昭和２）年の電化時に田中車輌で新造し
たデキ11形12。北勢線が架線電圧を750Ｖに昇圧した1954
（昭和29）年に北勢線に移動、1959（昭和34）年の三重線の
昇圧時に、同線へ移ってきた。
◎三重交通　62　室山～伊勢八王子
1959（昭和34）年４月４日

天白川に架かる木造橋の室山橋の脇を行く。奥の煙
突は亀山製糸室山工場、1903（明治36）年に伊藤小左
衛門経営の伊藤製糸場として建てられた西洋建築の
繰糸場。現在東洋紡の構成会社の一つだった三重紡
績も室山村が発祥の地。
◎三重交通　213　室山〜伊勢八王子
1959（昭和34）年4月4日

室山〜伊勢八王子

亀山製糸室山工場の南側付近、電車の後方に踏切が見えるがその先に伊勢八王子駅がある。
モニ213に牽引される付随車サ381は、1948（昭和23）年に中勢鉄道引継ぎの木造客車の足回りを使って、日之出車輌工業にて半鋼製の車体を新製したもの。
◎三重交通　213　室山〜伊勢八王子
1959（昭和34）年4月4日

見えている踏切が上の写真の踏切。護岸工事が進ん
でいるがその後の水害で天白川に沿った区間は大き
な被害を受け、復旧されることなく廃止となり、線
路跡は道路の拡幅用地となった。

電車はモニ220形229で、戦後の車両増備の際に使い
勝手を考え、北勢電気鉄道モハニ50形（三重交通モ
ニ221形）と同型の車両を1949（昭和24）年に日本車
輌で製造し、227は北勢線、228と229は三重線に配置
された。戦前製に比べ車体組立てを溶接で行ったた
め、リベットが無い平滑な車体となっている。

◎229　室山〜伊勢八王子
1973（昭和48）年4月30日

三重電気鉄道松阪線

三重電気鉄道の松阪線は1912（大正元）年に松阪駅～大石駅間を開業した松阪軽便鉄道に始まる。1919（大正8）年に松阪鉄道に、1927（昭和2）年に電化され、翌年松阪電気鉄道に改称される。

1944（昭和19）年陸運統制令により三重交通松阪線となるが、1964（昭和39）年の鉄道部門分離により三重電気鉄道松阪線に、しかし近畿日本鉄道には引継がれず、同年12月に廃止されている。

大師口～片野橋

片野橋駅手前で伊勢本街道沿いから分かれ、駅に向かって築堤を下ってくる区間。電車は松阪鉄道が1927（昭和2）年の電化時に日本車輌で製造したデ31形。762mmゲージの軽便鉄道としてはパンタグラフを持つ画期的なボギー車であった。3両作られ三重交通成立時にモニ201形に改番されている。松阪線廃止後は電装解除されサニ110形となり三重線に転属している。
◎三重交通　201　大師口～片野橋　1959（昭和34）年4月4日

片野橋～大石

片野橋駅と大石駅の中間付近。牽引するモ250形は電化時のデ31形と同期の付随車フ21形(三重交通サ441形)を、1949(昭和24)年に電装改造したもの。牽引されるサニ421形は北勢鉄道ハフ1形で、1914(大正3)年梅鉢鉄工所製。松阪線開業時の客車を置換えるために1951(昭和26)年から転属してきている。2tの荷物室と定員40名の客室を有する。
◎三重交通　422＋250　片野橋～大石　1959(昭和34)年4月4日

三重交通志摩線・近鉄志摩線

　1911（明治44）年に国鉄（鉄道院）参宮線が鳥羽駅まで開業すると、今まで奥志摩からは逢坂峠を越えて伊勢に徒歩出ていたのが、五知峠を越えて鳥羽に出るルートに変わった。そうなると鉄道建設の機運が

鳥羽駅を出発する賢島行き特急。前より2両はスナックコーナー付きの12200系、後ろはスナックコーナーが無く定員が8人増えたタイプ。賢島線改軌と鳥羽・難波線の開業を控えた1969（昭和44）年に2両編成が32本製造されている。
◎12233　鳥羽　1973（昭和48）年4月30日

高まり、1926（大正15）年に志摩電気鉄道が設立され、地元との調整で遅れたが、1929（昭和4）年に鳥羽駅〜賢島駅〜真珠港駅の全線が開業した。

国鉄線に連絡・貨車を直通させる都合から1067mmゲージ、架線電圧600Vで開業。その後、合同電気の二見駅まで延長を目指したが実現できなかった。

戦後統合で三重交通志摩線になったあと、バス部門分離で三重電気鉄道の志摩線に、そして近鉄に合併される。1970（昭和45）年の鳥羽線開業にあわせ改軌・昇圧を行い、大阪・京都・名古屋から直通特急が走るようになる。

鳥羽

三重交通は志摩線向けに垂直カルダン駆動を持つモ5400形を新造したが、保守が難しくまた高価だったため、1959 (昭和34) 年からはモニ550形の足回りを流用してモ5400形同様の車体を日本車輌で新製し、モ5210形が登場した。台車を流用した関係で車体重量を軽くする必要があるため、全長が1.7m短くなっている。
◎三重交通　5211　鳥羽　1960 (昭和35) 年4月5日

鳥羽

三重交通時代の鳥羽駅は、国鉄鳥羽駅の駅舎と向かい合わせの位置（現在の南口駅前広場）にあり、国鉄線のヤードに線路がつながっていて貨車の直通が行われた。電車の奥の海岸が埋め立てられ、現在の近鉄鳥羽駅が建設されている。鳥羽駅を出ると下の写真の右側から急カーブを曲がり次ページ上の写真の位置に出る。左側の車止めが見える位置は、現在ミキモト駐車場になっている所。
◎三重交通　553　鳥羽
1960（昭和35）年4月5日

電車は志摩電気鉄道が1929（昭和4）年の開業時に
日本車輌で6両新製した10形10〜15。13m級車体
の半鋼製車で、荷物室扉の脇に楕円形の飾り窓を
有していたが、戦後の車体更新で埋められている。
1944（昭和19）年の戦時合併で三重交通になった際、
10〜13がモニ550形551〜554、貨車牽引のため4
個モーターにされていた14〜15が、モニ561〜562
に改番されている。
◎三重交通　554　鳥羽
1960（昭和35）年4月5日

鳥羽〜中之郷

鳥羽駅を出ると90度曲がり、観光船の出る港を回って中之郷駅に向かう。1965（昭和40）年からの鳥羽港整備で、観光船乗り場は国鉄鳥羽駅隣接の埋立て造成した新港に移動し、以前の港は埋立て、新しい海岸線沿いに改軌後の現・志摩線と道路が設けられた。電車後ろ側の「旅館美しま」の建物は、中央の3階建てコンクリート造の建物が残っているが、現在地での営業はやめて廃墟になっている。電車はモ5211-ク600の急行賢島行き。ク600形は1952（昭和27）年のナニワ工機製で3両新製、15m級半鋼製車体を持ち、鳥羽方に連結された。
◎三重交通　5211　鳥羽〜中之郷
1960（昭和35）年4月5日

<ruby>穴<rt>あな</rt>川<rt>がわ</rt></ruby>

穴川

三重交通時代の穴川駅ホームから賢島方を望んでいる。1970（昭和45）年の改軌時に交換設備設置のため電車先のカーブの向こう側の賢島方に300m移転されている。またその後、志摩磯部駅〜志摩横山間の穴川駅前後の区間は、複線化と曲線緩和のため、1993（平成5）年に穴川トンネル経由の新線に移行し、穴川駅も移設されている。
電車はモニ551で、1959（昭和34）年にモ5211に改造されることになる。
◎三重交通　551　穴川　1957（昭和32）年4月10日

鵜方

鵜方駅の鳥羽方、賢島行きのモニ552が到着する。この電車は撮影年の1960（昭和35）年11月に車体更新されモ5212に生まれ変わることになる。左側のバスは三重交通のいすゞ製ボンネットバス。三重交通はグループ会社に三重いすゞ自動車を持つため、いすゞ車の割合が高い。鵜方駅から浜島や波切方面のバスが連絡している。バスの営業所はその後磯部へ移っている。
◎三重交通　552　鵜方
1960（昭和35）年4月4日

鵜方駅の賢島方。12200系の特急名古屋行きが進入する。三重交通時代の鵜方駅駅舎は北側（写真左側）にあったが、1970（昭和45）年の改軌の際に現在の南口駅前広場が整備された。1988（昭和63）年に賢島方の志摩神明駅までの区間が複線化され、ホーム延長により特急の8両編成運転が始まっている。
◎12200系　鵜方　1973（昭和48）年4月30日

賢島

賢島駅を発車する普通電車。右側の線は三重交通時代からの線路で、坂を下って賢島駅、さらにその先の真珠港貨物駅
〔1969（昭和44）年廃止〕へ繋がっていた。左側の線は1970（昭和45）年の改軌時に新設された特急ホーム（現・賢島駅）へ
向かう。
電車はモ6301形（関西急行電鉄1型）の増備車で、関西急行鉄道モ6311形として1942（昭和17）年に帝国車両で5両、1944

（昭和19）年に5両増備された。改軌の際にシュリーレン式の近畿車両KD-形台車に履き替えたが、先頭のモ6315は日車
D形台車を改造して使っている。
◎6311　賢島　1973（昭和48）年4月30日

三重交通神都線

神都線の生立ちは1903（明治36）年に宮川電気が山田（後の本町）駅〜二見駅を開業したのに始まる。会社名の通り1897（明治30）年から電力供給事業を始めており、鉄道事業開始後の1904（明治37）年に伊勢電気鉄道（初代）に社名を改め、1914（大正3）年までに後に神都線と総称される、内宮線・二見線・中

山線を開通している。

その後は電力事業の再編統合で、1922（大正11）年に三重合同電気となり、同年楠部駅で接続する朝熊登山鉄道（楠部駅〜平岩駅〜［ケーブルカー］〜朝熊岳駅）が開業している。1928（昭和3）年に朝熊登山鉄道は三重合同電気に合併され同社の朝熊線となる。

◎三重交通589　二見　1957（昭和32）年4月10日

1930(昭和5)年に東邦電力から三重・奈良県内の事業の譲受け、系列の合同電気となり、京阪電気鉄道の和歌山県の電力事業を譲り受けるが、その中には後の和歌山電気軌道の路線も含まれていた。さらに電力事業の統合で1937(昭和12)年東邦電力に合併されるが、1939(昭和14)年に国策で電力事業と運輸事業が分離されることになり、参急系のバス会社とあわせて神都交通が設立され、伊勢地区の鉄道事業が譲渡される。

1944(昭和19)年に朝熊線は不要不急路線として休止、また神都交通が中心となり陸運統制令により、北勢電気鉄道・三重鉄道・松阪電気鉄道・神都交通・志摩電気鉄道・三重乗合自動車・伊賀自動車が合併し三重交通が成立、同社の神都線となっている。

戦後は道路網の整備で観光バスや自家用車の利用が多く経営は厳しさを増したのと、三重交通はバス事業に軸足を移した事もあり、1961(昭和36)年に神都線は廃止されている。

山田駅前〜本町

山田駅前（後の伊勢市駅前）〜本町駅は伊勢神宮外宮参道に単線の線路が敷かれており、参道脇の旅館の軒先を電車が走っていた。現在多くの旅館は建て直されているが、山田館は現在もこの建物で盛業中である。山田駅が伊勢市駅に改称されたのは1959（昭和34）年7月。
◎三重交通　543　山田駅前〜本町　1958（昭和33）年11月11日

神都線の古市口駅→本町駅→山田駅前駅【折返し】→本町駅→外宮前駅→古市口駅の間は単線区間ながら左回りの環状運転が行われ、山田駅前駅は着発ですぐ折返したので、内宮前駅行きは外宮前駅で時間調整を行った。日中は内宮前駅行きと二見駅行きが交互に運転されている。
◎三重交通　589　外宮前　1959（昭和34）年4月4日

外宮前

外宮前駅に停車するモ511形516、三重合同電気時代の1928（昭和3）年日本車輌製のセ41。同時期にセ40〜44（42欠）の
4両が製造され、1942（昭和17）年に三重交通神都線になった際にモ511形515〜518に改番されている。515は1952（昭
和27）年に山陽電気軌道に譲渡、517、518は連結運転化でモ501＋502に改造されたので、516だけが残っていた。
背後の建物は山田（後の宇治山田）郵便局庁舎。現在は博物館明治村に移築保存され、博物館明治村簡易郵便局として
使われている。
◎三重交通　516　外宮前　1958（昭和33）年11月11日

電車は1931（昭和6）年田中車輌製の合同電気セ50で、この年の増備車から側窓が8個になっている。1942（昭和17）年に三重交通神都線になった際にモ511形524となり、1956（昭和31）年から始まった連結運転化でモ580形586になった。連結化改造は片側にだけ行われ、フェンダーをカットして三菱三原工場製のMAC-8連結器を取付け、ブレーキをSM-3から非常菅付きのSMEへ改造、ポールの短縮が行われている。
◎三重交通　586　外宮前　1957（昭和32）年4月30日

古市口

ふるいちぐち

古市口駅付近、電停は写真左側にあるが、駅の西側は街路樹の向こう側が山田駅前駅へ向かう線路、電車のいる線路が
外宮前駅から古市口駅に向かう線路で、複線区間の右側通行のように見える区間。
神都線の電車のヘッドライトは車両に固定されておらず取り外し式で、必要に応じて取付けて使用されていた。正面窓
下にヘッドライトを掛ける金具が見えている。
◎三重交通　588　古市口　1958（昭和33）年11月12日

岩渕車庫

神都線の電車は錦水橋駅から北側に分岐し、近鉄宇治山田駅の東側にある岩渕車庫で保守管理されていた。中央の4線車庫は変わらないが、両脇の側線は時期によって改廃されている。

◎三重交通　583　岩渕車庫
1958（昭和33）年11月12日

猿田彦神社付近

猿田彦神社駅の月読宮前駅方から宇治浦田東交差点付近にあった宇治車庫への分岐線が出ていた。車庫の廃止後も浦田引込線として残り、電車留置線として使われていた。
電車の右端付近が本線からのポイントで、電車の背後に線路が見える。奥の灯篭は御幸道路、この場所は現在伊勢市営宇治駐車場になっている。
◎三重交通　582　猿田彦神社付近
1958（昭和33）年11月11日

浦田引込線の位置から本線の電車を望む。
電車はモ580形590で、合同電気時代の1932（昭和7）年日本車輌製セ54で、1942（昭和17）年に三重交通神都線になった際にモ511形528となり、1956（昭和31）年から始まった連結運転化で現番号になった。連結改造は片側にだけ行われ、連結器とSMEブレーキ連結管の装備、カーブでのポールの接触を防ぐため、ポールが短くカットされている。
◎三重交通　590　猿田彦神社付近
1958（昭和33）年11月11日

三津〜二見

二見駅手前のカーブ、右手に進むと二見駅に入る。
2両連結運転の場合、先頭の電車が後ろの車両を牽
引する方式が取られた。
◎三重交通　三津〜二見
1957（昭和32）年4月10日

二見

二見駅の北側に二見車庫が設けられており、電車の
後に車庫へ向かう線が分かれている。電車の居る線
の右側に二見駅ホームがある。
電車は東邦電力時代の1937（昭和12）年に大阪鉄工
所（後の日立造船）製のセ302で、1942（昭和17）年に
三重交通神都線になった際にモ541形542となる。従
来の車両より一段と大型になり出力も60HP×2に
増強され、定員も90名に増やされた。
神都線廃線後は豊橋鉄道に譲渡され、同社モ600形
602になっている。
◎三重交通　542　二見付近
1958（昭和33）年11月11日

J.Wally Higgins（ジェイ・ウォーリー・ヒギンズ）

1927（昭和2）年、合衆国ニュージャージー州生まれ。父が勤めていたリーハイバレー鉄道（ニューヨークとバッファローを結ぶ運炭鉄道）の沿線に生家があり、母と一緒に汽車を眺めたのが鉄道趣味の始まりだった。

大学卒業後、アメリカ空軍に入隊。1956（昭和31）年、駐留米軍軍属として来日、1年の任期後約2か月間で全国を旅し、日本の鉄道にはまってしまう。1958（昭和33）年、再来日。それ以降、全国の鉄道を撮りに出かけるようになる。1962（昭和37）年からは帰国する友人の仕事を引き継ぎ、国鉄国際部の仕事を手伝うようになり、現在もJR東日本の国際事業本部顧問を務める。

氏は、鉄道の決めのポーズや形式写真には後々々の保存性を考え大判の白黒フィルムを用いた。しかし、友人たちに伝える日本の風俗や風景（もちろん鉄道も含むが）のようなスナップ的な写真にはコダクロームを用いている。理由は、当時基地内で購入・現像できたので、一番安価だったとのこと。

今回のシリーズは、それらカラーポジから私鉄各社を抜き出したものである。

【写真解説】

安藤 功（あんどう いさお）

1963（昭和38）年生まれ。
NPO法人名古屋レール・アーカイブス理事。
国鉄最終日に国鉄線全線完乗。現在は全国の駅探訪を進め、残り数百駅ほど。

NPO法人名古屋レール・アーカイブス（略称NRA）

貴重な鉄道資料の散逸を防ぐとともに、鉄道の意義と歴史を正しく後世に伝えることを目的に、2005（平成17）年に名古屋市で設立。2006（平成18）年にNPO法人認証。所蔵資料の考証を経て報道機関や出版社、研究者などに提供するとともに、展示会の開催や原稿執筆などを積極的に行う。本書に掲載したヒギンズさんの写真は、すべてNRAで所蔵している。

ヒギンズさんが撮った
近畿日本鉄道 下巻
名古屋線、旧・三重交通の路線編
コダクロームで撮った1950～70年代の沿線風景

発行日……………………2024年6月5日　第1刷　※定価はカバーに表示してあります。

著者…………………………（写真）J.Wally Higgins　（解説）安藤 功
発行者………………………春日俊一
発行所………………………株式会社アルファベータブックス
　　　　　　　　　　　　　〒102-0072　東京都千代田区飯田橋 2-14-5 定谷ビル
　　　　　　　　　　　　　TEL. 03-3239-1850　FAX.03-3239-1851
　　　　　　　　　　　　　https://alphabetabooks.com/

編集協力………………………株式会社フォト・パブリッシング
デザイン・DTP ………柏倉栄治
印刷・製本……………………モリモト印刷株式会社

ISBN978-4-86598-909-0　C0026